Zur Unterstützung auf
dem Weg nach oben?

Mathias Ahl

Schriftenreihe

Schriften zur Sportpsychologie

Band 9

ISSN 1611-2814

Verlag Dr. Kovač

Mathias Achter

Sportpsychologie im Schwimmsport

Eine Pilotstudie zur Evaluierung systematischer sportpsychologischer Betreuung

Verlag Dr. Kovač

**Hamburg
2012**

VERLAG DR. KOVAČ GMBH
FACHVERLAG FÜR WISSENSCHAFTLICHE LITERATUR

Leverkusenstr. 13 · 22761 Hamburg · Tel. 040 - 39 88 80-0 · Fax 040 - 39 88 80-55

E-Mail info@verlagdrkovac.de · Internet www.verlagdrkovac.de

Bibliografische Information der Deutschen Nationalbibliothek
Die Deutsche Nationalbibliothek verzeichnet diese Publikation
in der Deutschen Nationalbibliografie;
detaillierte bibliografische Daten sind im Internet
über http://dnb.d-nb.de abrufbar.

ISSN: 1611-2814
ISBN: 978-3-8300-6482-4

Zugl.: Dissertation, Martin-Luther-Universität Halle-Wittenberg, 2012

© VERLAG DR. KOVAČ GmbH, Hamburg 2012

Umschlagillustration: Foto von Ingo Michalak, bearbeitet von Tony Günther

Printed in Germany
Alle Rechte vorbehalten. Nachdruck, fotomechanische Wiedergabe, Aufnahme in Online-
Dienste und Internet sowie Vervielfältigung auf Datenträgern wie CD-ROM etc. nur nach
schriftlicher Zustimmung des Verlages.

Gedruckt auf holz-, chlor- und säurefreiem, alterungsbeständigem Papier. Archivbeständig
nach ANSI 3948 und ISO 9706.

Inhaltsverzeichnis

Vorwort 7
1 Einleitung 9
2 Ausgewählte sportwissenschaftliche Grundlagen 11
   2.1 Charakterisierung der Sportart Schwimmen 11
      2.1.1 Physische Anforderungen 11
      2.1.2 Psychische Anforderungen 12
   2.2 Motiv und Leistungsmotiv 14
   2.3 Motivation, Leistungsmotivation und Zielsetzung 19
      2.3.1 Risikowahl-Modell 22
      2.3.2 Theorie der Zielorientierung 27
      2.3.3 Kausalattribution 33
   2.4 Emotionen 42
      2.4.1 Stress 47
      2.4.2 Coping 52
   2.5 Sportpsychologische Interventionsverfahren 53
      2.5.1 Relevante sportpsychologische Interventionsverfahren 54
      2.5.2 Interventionen der Motivationsregulation 56
      2.5.3 Interventionen der Emotionsregulation 58
   2.6 Forschungsstand 60
      2.6.1 Forschungsstand ausgewählter sportpsychologischer
           Konstrukte 60
      2.6.2 Sportpsychologische Bedarfssituation in Deutschland 67
   2.7 Fragestellung und Hypothesen 74
3 Methodenteil 77
   3.1 Stichprobenbeschreibung 77
   3.2 Studienaufbau 78
   3.3 Instrumente 80
      3.3.1 Achievement Motives Scale-Sport (AMS-Sport) 80
      3.3.2 Trainereinschätzung 82
      3.3.3 Trainingstagebuch 82

Inhaltsverzeichnis

3.4 Verfahren 83
   3.4.1 Stressimpfungstraining (SIT) 83
   3.4.2 Zielsetzungstraining 84
   3.4.3 Quantitative Datenanalyse 85
   3.4.4 Qualitative Datenanalyse 85
4 Ergebnisse der Interventionsstudie 89
   4.1 Quantitative Ergebnisse 89
   4.2 Qualitative Ergebnisse 92
      4.2.1 Ergebnisdarstellung der Sportlerinterviews 93
      4.2.2 Ergebnisdarstellung der Trainerinterviews 105
   4.3 Prüfung der Hypothesen 110
5 Diskussion 113
   5.1 Methodisches Vorgehen 113
   5.2 Quantitative Ergebnisse 116
   5.3 Qualitative Ergebnisse 117
Zusammenfassung und Ausblick 129
Literaturverzeichnis 133
Abkürzungsverzeichnis 141
Abbildungsverzeichnis 143
Tabellenverzeichnis 145
Anhang 147

Vorwort

Die vorliegende Arbeit entstand aus zwei wesentlichen Beweggründen. Erstens ist meine eigene jahrelange Verbundenheit dem Schwimmsport gegenüber zu nennen. Meine Erfahrungen als Trainer und Athlet zeigen mir auf, dass im Bereich der systematischen sportpsychologischen Betreuung im Schwimmsport großes Potenzial zu einer zielführenden Leistungsoptimierung ungenutzt ist. Zweitens ist die vorliegende Arbeit nach ihrem Selbstverständnis als Anschlussprojekt an die am Department Sportwissenschaft der Martin-Luther-Universität Halle-Wittenberg entwickelte und vom Bundesinstitut für Sportwissenschaft (BISp) finanziell unterstützte sportpsychologische Expertise für den Deutschen Schwimm-Verband e.V. (DSV) (Stoll, Achter & Jerichow, 2011) zu betrachten.

Der Fokus der Arbeit liegt ausschließlich auf der Umsetzung der Expertise in der Fachsparte Schwimmen des DSV. Da jeder Proband[1] unter verschiedenen Trainings- und Lebensbedingungen trainiert und zusätzlich bei jeder Testperson hinsichtlich Hauptschwimmart sowie Hauptstrecke unterschieden werden muss, ist die gemeinsame Grundlage für die vorliegende Arbeit, dass alle Probanden das Schwimmen als Spitzensport[2] betreiben und regelmäßig an nationalen sowie internationalen Wettkämpfen teilnehmen.

Für die Mitarbeit und Unterstützung im Rahmen dieser Arbeit möchte ich mich beim DSV sowie allen Athleten und Trainern herzlich bedanken. Weiterhin bedanke ich mich bei dem Sportpsychologen-Team bestehend aus: Marc-Oliver Löw, Carola Hobert, Birte Steven, Mareike Jerichow und Maarten Vellekoop für die engagierte und zuverlässige sportpsychologische Mitarbeit im Rahmen der Pilotstudie.

Ein besonderer Dank geht an Herrn Prof. Dr. Oliver Stoll, für die Überlassung des Forschungsthemas sowie an Frau PD Dr. phil. habil. Gabriele Neumann, für die Übernahme der Zweitgutachterschaft. Weiterhin bedanken möchte ich mich bei Herrn PD Dr. paed. habil. Andreas Lau und Herrn Dr. phil. Hans-Ulrich Wilms, die mir bei der Erstellung dieser Arbeit sehr geholfen haben.

---

[1] Aus Gründen der Lesbarkeit wird bei der Verwendung von Gattungsbegriffen auf eine durchgängige Differenzierung zwischen den beiden Geschlechtern verzichtet.

[2] Ausgehend von der Tatsache, dass sportliche Nachwuchsförderung darauf abzielt, Talente an internationales Spitzenniveau heranzuführen, wird im Folgenden der Terminus Spitzensport verwendet. Der Begriff Spitzensport wird in der vorliegenden Arbeit synonym zum Terminus Leistungssport und Hochleistungssport verwendet (Teubert, Borggrefe, Cachay, & Thiel, 2006, S. 11f.).

Vorwort

Ebenso möchte ich mich an dieser Stelle bei meiner Familie und meinen Freunden für die uneingeschränkte Unterstützung und den ständigen Rückhalt bedanken.

1 Einleitung

Die Entwicklung der letzten Jahre im Spitzensport zeigt, dass eine leistungsorientierte sportpsychologische Beratung und Betreuung einen entscheidenden Beitrag zur Leistungsoptimierung leisten kann (Eberspächer, Immenroth & Mayer, 2002). Mit den immer größer werdenden Anforderungen im Wettkampf wird es zunehmend schwieriger die im Training erworbenen Fähigkeiten zu hohen sportlichen Leistungen auch im Wettkampf abzurufen. Aus diesem Grund werden die psychischen Faktoren beim Zustandekommen der tatsächlichen Wettkampfleistung immer bedeutsamer. Dies gilt besonders für die Sportarten und Wettkämpfe, in denen die Leistungsdichte sehr hoch ist und im besonderen Maße die Tagesform über Erfolg entscheidet, wie z. B. im Schwimmsport (Gabler 1979b). Es ist eine unbestrittene Tatsache, dass psychologische Faktoren im modernen Spitzensport eine enorm wichtige Rolle spielen. Dennoch ist festzustellen, dass viele Missverständnisse mit dem Einsatz von Sportpsychologen im Spitzenbereich verknüpft sein können. So wird teilweise davon ausgegangen, dass der Sportpsychologe unterstützend beim Prozess der Problembewältigung wirken kann. Dies betrifft insbesondere jene Problembereiche, die nicht von allein bewältigt werden konnten oder bewältigt werden können. Diese Erwartungshaltung führt in der Praxis dazu, dass der Sportpsychologe zwar involviert wird, doch langfristig wenig oder kein Erfolg eintritt. Oftmals scheitern die Einsätze von Sportpsychologen daran, dass allen Beteiligten die Aufgaben, Funktionen und die Zuständigkeit der Sportpsychologie nicht klar sind (Gabler, Eberspächer, Hahn, Kern & Schilling, 1979). Immer noch passiert es, dass Trainer und Athleten nur im Notfall psychologische Betreuung wünschen, oder sogar meinen, dass ein Trainer, der auf einen Psychologen zurückgreift, fehl am Platz sei. Die Trainer befürchten, dass ihnen ihre Qualifikation als Trainer abgesprochen wird, wenn sie einen Psychologen kontaktieren. Es wird als normal angesehen, einen Arzt oder Masseur im Team zu haben, doch der Zusammenarbeit mit einem Sportpsychologen wird überwiegend aus dem Weg gegangen (Eberspächer & Schilling, 1979). Sportpsychologen sollten in die langfristigen Vorbereitungskonzepte für internationale Wettkämpfe, Olympische Spiele und Weltmeisterschaften eingebunden werden. Bereits Allmer (1974) wies daraufhin, dass eine Verbesserung der Integration des praktisch tätigen Sportpsychologen in die Sportpraxis erforderlich ist. Dafür sei der Abbau von Vorbehalten gegenüber der psychologisch-praktischen Tätigkeit des Psychologen nötig (Allmer, 1979). Da auch den Verantwortlichen der Spitzenverbände bewusst sein muss, dass neben den ständigen technischen Weiterentwicklungen in vielen Sportarten die Betreuung der Athleten durch Sportpsychologen eine legale und nicht unerhebliche Leistungsressource darstellen kann, wurden 2008 erstmalig zehn Sportpsychologen in das Olympia-Team berufen (Neumann, 2008; Stoll et al., 2010). Aufgrund der damit einhergehenden weiteren Verankerung sowie endgültigen Etablierung sportpsychologischer Betreuungsarbeit wurde für alle Beteiligten ein weiterer Schritt in Richtung systematischer und langfristiger Zusammenarbeit getan (Neumann, 2008). Für den DSV mit seinen vier olympischen Fachsparten (Schwimmen, Wasserspringen, Synchronschwimmen, Wasserball) waren 2008 in Peking insgesamt drei Sportpsychologen zuständig. Nach den Olympischen Spielen 2008 in Peking bestand das Ziel des DSV darin, mit Hilfe eines langfristigen und systematischen Betreuungs- und Beratungskonzepts in die bisher vereinzelte und wenig vernetzte Arbeit der Sportpsychologen an den Olympiastützpunkten (OSP) eine homogene und supervidierte Struktur zu implementieren. Aus dem Konzept ging hervor, dass für die Fachsparte Schwimmen sportpsychologischer Bedarf besteht und von den Trainern gewünscht ist. Dennoch finden sich immer noch Probleme in der Koordination und Einbindung der Sportpsychologie in den laufenden Trainingsprozess (Stoll et al., 2010).

Unter Betrachtung dieser Entwicklungen wird in der vorliegenden Arbeit mittels einer multizentrischen Forschungsmethodik die sportpsychologische Betreuung in Vorbereitung auf den nationalen Saisonhöhepunkt evaluiert. Weiterhin ist diese Arbeit als ein erster Beitrag zur Umsetzung eines langfristigen und systematischen sportpsychologischen Betreuungskonzepts von Stoll et. al. (2010) zu betrachten und kann somit als eine Art *Pilotstudie* angesehen werden.

2 Ausgewählte sportwissenschaftliche Grundlagen

Ziel dieses Kapitels ist es, die für die Arbeit relevante Sportart entsprechend zu charakterisieren, zugrundeliegende psychologische Konstrukte darzustellen sowie die sportpsychologischen Interventionsmöglichkeiten aufzuzeigen. Den Abschluss des Kapitels bilden die Darstellung des aktuellen Forschungsstandes sowie die Fragestellung der Pilotstudie mit den entsprechenden Hypothesen. Der Fokus dieses Kapitels liegt auf spitzensportlichen Merkmalen sowie psychischen und physischen Anforderungen.[3]

2.1 Charakterisierung der Sportart Schwimmen

2.1.1 Physische Anforderungen

Schwimmen als Spitzensport gehört zu den trainingsintensivsten Sportarten überhaupt (Freitag, 1977). Die Struktur des heutigen Wettkampfsports Schwimmen ist allgemein gekennzeichnet durch:

1. ein regelmäßiges und systematisches Training,
2. einen außergewöhnlich großen zeitlichen Umfang des Trainings und eines im Vergleich zu anderen Sportarten sehr hohen Trainingsaufwands,
3. ein gleichförmiges Training, in dem sich die einzelnen Trainingsformen sehr häufig wiederholen,
4. ein im Kindesalter bis über das gesamte Jugendalter hinweg erstreckendes, systematisches und intensives Training,
5. sowie ein Training, welches weitgehend mit der Schul- und Berufsausbildung zusammenfällt (Gabler, 1979a).

Nach Rudolph, Wiedner, Jedamsky, Döttling und Spahl (2006) gliedert sich ein langfristiger Leistungsaufbau im Schwimmen in verschiedene Ausbildungsetappen. Dabei beginnt das Grundlagentraining (GLT) idealerweise im Alter von acht Jahren. Die Einführung in das Training und das damit verbundene biologische Wechselspiel von Anforderung und Anpassung des eigenen Körpers

---

[3] Auf die Darstellung des Regelwerks sowie detaillierte Trainings-Charakteristika des Schwimmens wird verzichtet, hier sei auf weiterführende Literatur verwiesen (Frank & Unsfeld, 2008; Ungerechts, Volck & Freitag, 2002; Wilke & Madsen, 1997). Da die Untersuchung im Rahmen der vorliegenden Arbeit im Spitzensport angesiedelt ist, wird auf die detaillierte Ausführung zur Bedeutung der Kaderbenennung sowie –berufung der Athleten an dieser Stelle verzichtet (Rudolph, Wiedner, Jedamsky, Döttling & Spahl, 2006).

bedeutet für jeden Schwimmer eine ständige Erfahrung von körperlichen Belastungen und Ermüdungszuständen (Wilke, 1992). Da die größten Strukturveränderungen der motorischen Fähigkeiten bei optimaler physischer Entwicklung in den Lebensjahren 11 bis 12 und 15 bis 16 stattfinden (Filippowitsch & Turewskij, 1977), leisten die Athleten schon im jungen Alter beachtliche Trainingsumfänge: bereits ab dem Anschlusstraining (AST) belaufen sich die Zeitanforderungen auf 25 bis 30 Stunden pro Woche. Das Institut für Angewandte Trainingswissenschaften (IAT) führte 1999 dazu eine anonyme schriftliche Befragung an 374 Schülern der fünften bis zwölften Klassen am Sportgymnasium Leipzig durch. Die Ergebnisse zeigten, wie stark sich der Druck durch Zeitknappheit und eigene Erwartungen auf den jugendlichen Athleten auswirken. So ist das zeitliche Gesamtvolumen eines Fünftklässlers vergleichbar mit einer ausgefüllten Wochenarbeitszeit erwerbstätiger Erwachsener. Weiterhin erhöhen sich die zeitlichen Belastungen in allen Pflicht- und Teilbereichen (Schule, Hausaufgaben, Training) mit ansteigender Klassenstufe (Rost, 2002).

Die leistungsbestimmenden Faktoren lassen sich im Schwimmsport in personinterne und personexterne Bedingungen unterteilen. Zu den personinternen Bedingungen zählen die konstitutionellen Voraussetzungen (z. B. Körpergröße, Schulter- und Hüftbreite, Länge der Extremitäten, spezifisches Gewicht), körperliche Leistungsfähigkeit (z. B. Stoffwechsel, Herz-Kreislaufsystem, konditionelle und koordinative Faktoren), das technische Können (z. B. motorische Fähigkeiten, Fähigkeit der ökonomischen Bewegung), intellektuelle Fähigkeiten (z. B. Erlernen von Techniken, wirkungsvolles taktisches Verhalten im Wettkampf) und die motivationalen Bedingungen, worauf im folgenden Abschnitt näher drauf eingegangen wird. Zu den personexternen Bedingungen zählen der Trainer, die Funktionäre, die Trainingsgruppe, die Trainingsstätte, die Familie, die schulische und berufliche Ausbildung, die Freizeit sowie externe Belohnungen (z. B. Wettkampfreisen, Prämien) (Gabler, 1979a).

2.1.2 Psychische Anforderungen

Spitzensportliches Engagement in der Sportart Schwimmen tangiert unmittelbar periphere Lebensbereiche der Athleten und beeinflusst diese nachhaltig (Freitag, 1977; Weber, 2003). Hier seien beispielhaft vor allem soziale Aspekte wie Pflichtbewusstsein, Disziplin, Beharrlichkeit sowie Gruppenfähigkeit genannt. Dennoch bringt eine Karriere im Schwimmsport auch Risiken einer nachteiligen Entwicklung mit sich. Die Entscheidung für eine spitzensportliche Laufbahn wird verhältnismäßig früh getroffen. Dies birgt die Gefahr, dass die Tragweite dieser Entscheidung noch gar nicht abschätzbar ist. Neben den täg-

Ausgewählte sportwissenschaftliche Grundlagen

lichen Wassereinheiten lassen vor allem schulische Verpflichtungen den Athleten ständige Zeitknappheit empfinden. Je näher dabei die Athleten dem Hochleistungsbereich kommen, desto größer kann die psychische Belastung für den Sportler werden. Demnach kann das Durchhaltevermögen des Schwimmers im täglichen Training als Sieg über sich selbst angesehen werden (Freitag, 1977). Das Schwimmtraining ist gekennzeichnet von psychischen Belastungssymptomen wie z. B. Monotonieerleben oder psychischen Sättigungserscheinungen (Gabler, 1979a). Die regelmäßige Wettkampfteilnahme trägt außerdem dazu bei, Leistungsdruck aufzubauen (Freitag, 1977). Nach Stoll und Schröder (2008) besteht die Vorbereitung auf einen Wettkampf aus drei leistungsbestimmenden Faktoren (s. Abb. 1).

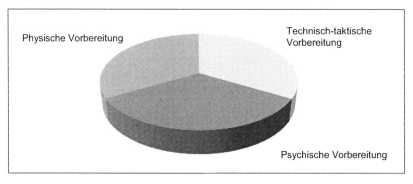

Abb. 1 Die drei leistungsbestimmenden Faktoren der Wettspielvorbereitung (modifiziert nach Terry, 1989 aus Stoll & Schröder, 2008, S. 17)

Neben den technisch–taktischen und physischen Komponenten ist gerade die Vorbereitung auf psychisch–mentaler Ebene im Hinblick auf Eigenschaften, Fähigkeiten und Fertigkeiten, besonders im spitzensportorientierten Bereich, unabdingbar. Auffallend ist, dass die drei Komponenten in der Darstellung jeweils den gleichen Anteil aufweisen. Diese Tatsache impliziert gleichermaßen, wie wichtig und hoch der Stellenwert der mentalen Vorbereitung einzuschätzen ist (ebd., 2008). Anzumerken ist, dass die Ausprägung der drei in Abbildung 1 dargestellten Komponenten eventuell bei jedem Sportler unterschiedlich ist. In den folgenden Kapiteln erfolgt eine Darstellung der für die vorliegende Arbeit relevanten psychischen Komponenten.

Im Wettkampf soll der Schwimmer sein ganzes Leistungspotenzial ausschöpfen, um möglichst eine bisher noch nicht erreichte Leistung zu erzielen (Gabler, 1979a). Bleibt dann der Erfolg aus, kann das schnell zu Lustlosigkeit und Demotivierung führen (Freitag, 1977). Aus psychologischer Sicht gilt es herauszufinden, wie die Diskrepanz zwischen Trainings- und Wettkampfleistung zu begründen ist (Gabler, 1979). Positive Einflüsse hat hier das Gruppentraining, welches hilft, die hohen Trainingsanforderungen und vielen Mannschaftswettkämpfe erfolgreich zu bewältigen, während ständiges Einzeltraining frühzeitig zur psychischen Resignation führen kann (Freitag, 1977). In Bezug auf die motivationalen Bedingungen konnte Gabler (1972) zeigen, dass eine Vielzahl an Motiven (s. dazu auch Gabler, 1981) existiert, die begründen, warum sich Schwimmer im Training und Wettkampf über lange Zeit hinweg beharrlich anstrengen. Zwei Motive sind in diesem Kontext von besonderer Bedeutung: Erstens die Bereitschaft, bei der das körperlich belastende Training als Mittel zum Zweck der Zielerreichung angesehen wird und Zweitens das Leistungsmotiv. Gemeint ist damit das Bestreben Leistungsziele zu erreichen und sich somit die eigene Tüchtigkeit im Sinne einer Selbstbestätigung und Selbstwerterhöhung zu beweisen. Im Vergleich zu weniger erfolgreichen Schwimmern zeichnen sich die Erfolgreichen durch:

1. eine hohe und überwiegend erfolgszuversichtliche Leistungsmotivation,
2. ein mittleres realistisches Anspruchsniveau,
3. eine hohe Selbstverantwortlichkeit aus (Gabler, 1979a).

Der Begriff Wassergefühl ist im Schwimmsport eng mit der Bekleidung verbunden. Fühlen sich die Schwimmer in ihrer Bekleidung wohl, „(…) glauben sie daran und schwimmen schnell" (Gross, 2008). Unter anderem basierten auch die 2008 neu eingeführten High-Tech-Schwimmanzüge, welche mittlerweile seit 2010 wieder verboten sind, auf diesem psycho-motivationalen Konzept sowie auf Material und Kompressionseffekten (Dunker & Hannemann, 2008, Spannagel, 2009).

2.2 Motiv und Leistungsmotiv

Ein *Motiv* stellt eine relativ stabile, auf eine allgemeine Zielvorstellung (z. B. Gesellung, Macht, Leistung) ausgerichtete Verhaltensdisposition dar. McClelland (1965) spricht beispielsweise von einem „affektiv getönten assoziativen Netzwerk". Er versteht darunter, dass mit Handlungen verbundene Gefühlszustände – positiver und negativer Art – zu Verknüpfungen führen, deren Ergebnis das Motiv als ein hochgeneralisiertes Konzept ist. Da ein Motiv zum Aufsuchen oder Meiden bestimmter Situationsklassen führen kann, wird es als ein überdauerndes Persönlichkeitsmerkmal bezeichnet (Erdmann,

1983a). Gleichzeitig ist es als hypothetisches Konstrukt nicht direkt beobachtbar. Ein Motiv kann als erlernte Disposition bezeichnet werden und erklären, warum Menschen in einer bestimmten Weise handeln (Alfermann & Stoll, 2010). Es ist zu beachten, dass es kein ‚Nicht-Verhalten' gibt, aber ein im Sinne eines bestimmten Motivs irrelevantes Verhalten. Motive sind im Individuum hierarchisch entsprechend der persönlichen Wichtigkeit in der spezifischen Situation strukturiert (Erdmann, 1983a). Die amerikanische Schule des Behaviorismus unterscheidet angeborene und durch Lernen erworbene Motive und prägt die Begriffe *"basic drives"* oder *primäre* Motive, welche von den *sekundären* oder *kognitiven*, erworbenen Motiven abzugrenzen sind. Zu den letzteren zählen z. B. das Machtstreben und das Bedürfnis nach Anerkennung und Selbstachtung (Janssen, 1995).

Der Bedürfniskern eines jeden Motivs umschreibt die Diskrepanz zwischen aktuellem Ist- und Sollwert. Die Verknüpfung mit Erfahrungswissen unterscheidet Motive von „reinen" Bedürfnissen. Dieses Wissen offeriert eine große Zahl von Situationen für kontextangemessene Handlungsmöglichkeiten (Kuhl, 2010). Enthalten Situationen motivationale Anreize (z. B. Leistungscharakter), werden dadurch die im Menschen vorhandenen, früher erlernten Motivtendenzen Hoffnung bzw. Furcht angesprochen. Gleichzeitig werden emotionsgefärbte Bewertungsschemata angeregt (Schneider & Schmalt, 2000). Sie bestimmen die Orientierung (erfolgszuversichtlich oder misserfolgsängstlich), mit der das Individuum die eigenen Handlungen steuert (Erdmann, 1983a). Zu beachten ist, dass eine Person in unterschiedlichen Situationen divergierende motivationale Anregungen und damit unterschiedliche Verhaltensweisen zeigen kann (Kleine, 1983). Diese anregenden Situationsfaktoren beinhalten zum einen wahrgenommene mögliche Handlungsausgänge der sich anbietenden Handlungsalternativen (z. B. ist eine Aufgabenbewältigung erreichbar oder nicht) und zum anderen Anreize der erwarteten Handlungsresultate (z. B. ein Erfolg, welcher in Gedanken vorweggenommen und in einem hohen oder geringen Maße befriedigend ist) (Weiner, 1975). Die in der Psychologie am häufigsten untersuchten Situationsklassen von Motiven sind das Neugiermotiv, Leistungsmotiv, Gesellungs- oder Anschlussmotiv sowie das Machtmotiv. Zusätzlich werden von anderen Autoren noch das Aggressionsmotiv und das Hilfemotiv genannt (Alfermann & Stoll, 2010).

Die Motive im Sport werden von Gabler (2002) als persönlichkeitsspezifische Wertungsdispositionen, die auf sportliche Situationen gerichtet sind, definiert. Jedoch sind sie nicht universell und für immer gegeben. Im Sport lassen sich Motive differenzierter klassifizieren (s. Tab. 1). Eine ähnliche Definition, allerdings ohne Sportbezug, ist bei Salewski und Renner (2009) zu finden. Hier wird das Motiv als eine thematisch abgrenzbare Bewertungsdisposition angesehen, die die Richtung des Verhaltens spezifiziert. Einerseits handelt es sich dabei um angeborene (z. B. Hunger), anderseits um in der Sozialisation erworbene bzw. veränderte Motive (z. B. Leistung). Motivdispositionen können auch als *implizite* Motive, konkrete Zielsetzungen hingegen als *explizite* Motive benannt werden. Unter impliziten Motiven sind in diesem Zusammenhang hauptsächlich erlernte, jedoch dem Bewusstsein eher schwer zugängliche Bewertungsdispositionen zu verstehen. Durch ständige Hinwendung zu ähnlichen Themen und Aufsuchen ähnlicher Situationen üben sie Einfluss auf das Verhalten aus. Explizite Motive dagegen kennzeichnen das Selbstbild des Menschen und dessen Idee darüber, welche Motive handlungsbestimmend wirken (ebd., 2009).

Tab. 1. *Merkmale zur Motivklassifizierung im Sport (nach Gabler, 2002, S. 14).*

	ichbezogen	im sozialen Kontext
bezogen auf das Sporttreiben selbst	z. B. körperliche Aktivität, körperliche Herausforderung	soziale Interaktion
bezogen auf das Ergebnis des Sporttreibens	Leistung als Selbstbestätigung	z. B. Leistung als Fremdbestätigung bzw. Prestige und Macht
bezogen auf das Sporttreiben als Mittel für weitere Zwecke	z. B. Gesundheit, Ausgleich	z. B. Kontakt und Geselligkeit

In zahlreichen Publikationen zu theoretischen Ansätzen für motiviertes Verhalten werden sehr unterschiedliche Vorschläge hinsichtlich Art, Konkretheitsgrad und Anzahl grundlegender Motive postuliert. Während beispielsweise Murray (1938) circa 20 bis 30 unterschiedliche Motive beschreibt, geht Freud (1933) nur von zwei eher breiten Motivklassen (Lebens- und Todestrieb) aus. Hingegen kommen alle Theorien unisono zur Einschätzung, dass Hunger, Durst, Sexualität oder Schutz als typische angeborene physiologische Motive anzusehen sind, wohingegen Leistung, Macht, Anschluss und Intimität als psychologische Motive beurteilt werden (ebd., 2009).

Von Heckhausen (1989) wird das *Leistungsmotiv* als zeitlich überdauerndes individuelles Bestreben angesehen, sich mit Gütestandards auseinanderzusetzen, um unter Umständen die eigene Leistung zu erhöhen. Durch situative Variablen und Wechselwirkung mit Umweltsituationen kommt es zur Aktualisierung des Leistungsmotivs und infolge dessen zur Motivierung oder zur aktualisierten Leistungsmotivation (Gabler, 1981).

In der Literatur unterscheidet man eine aufsuchende (*Hoffnung auf Erfolg; HE*) und eine meidende Komponente (*Furcht vor Misserfolg, FM*) des Leistungsmotivs, welche als eigenständige Persönlichkeitsdisposition gelten (Gabler, 2002, 2003; Beckmann & Elbe, 2006).

Bereits 1938 postulierte Murray unter anderem das Leistungsmotiv, welches bei verschiedenen Individuen unterschiedlich stark ausgeprägt ist und Einfluss auf die eigene individuelle Leistungsbeurteilung und Erfolgssuche hat. Mit Hilfe eines selbst entwickelten projektiven Verfahrens, welches die Phantasie des Probanden nutzt, untersuchten McClelland, Atkinson, Clark und Lowell (1953) das Leistungsmotiv, seine Entstehungsumstände sowie Auswirkungen auf die Arbeitswelt und verglichen die Stärke seiner Ausprägung in verschiedenen Gesellschaften. Dabei stellten sie fest, dass Personen mit einem hohen Leistungsmotiv eine größere aufwärtsgerichtete Mobilität besitzen als Individuen mit geringer Motivstärke (Zimbardo & Gerrig, 2008).

Neben den existierenden Ansätzen[4] lässt sich der kognitiv-handlungstheoretisch orientierte Ansatz am besten am Leistungsmotiv verdeutlichen, da dieses auch in der Allgemeinen Psychologie am umfangreichsten und differenziertesten betrachtet wurde. Wird ein Motiv als Disposition verstanden, dann ist es angebracht, das Handeln in einer Leistungssituation begrifflich zu präzisieren (Gabler, 2002). Das Leisten gilt als eine unerlässliche Komponente in vielen Lebensbereichen, vorrangig jedoch im Sport. Leistung ist gekennzeichnet durch das Meistern einer Aufgabe, das Erreichen oder Übertreffen eines Gütemaßstabes, das Überwinden von Hindernissen, das Zeigen von Ausdauer bei Misserfolgen und die Verantwortungsübernahme für das Leistungsergebnis (Alfermann & Stoll, 2010). Da Leistungshandlungen am Leistungsziel ausgerichtet sind, ist das Leistungsmotiv intrinsisch und kann als überdauernde Wertungsdisposition zum Leistungshandeln definiert werden (Stoll, 2010b). Nach Heckhausen (1972b) müssen drei Sachverhalte erfüllt sein, um von einem Leistungsmotiv sprechen zu können:

1. Für die Beurteilung eigener Leistungen mit unterschiedlich hohem Generalisierungsniveau sollten vielfältig geschachtelte kognitive Bezugssysteme aufgebaut sein.
2. Allgemeine Normwerte müssen entwickelt werden, die den Grad der Schwierigkeit bestimmen, den sich Individuen in gegebenen Situationen abverlangen. Sie werden als subjektive Erfolgswahrscheinlichkeit bezeichnet, während Normwerte und kognitive Bezugssysteme die Gütemaßstäbe darstellen.

---

[4] Zur Übersicht siehe auch in Gabler (2002, S. 38-44).

3. Die Selbstbekräftigung gilt ebenfalls als ein Merkmal für das Leistungsmotiv und wird durch eine vorhandene Stabilität leistungsthematischen Verhaltens erklärt. In leistungsrelevant empfundenen Situationen „belohnt" oder „bestraft" sich der Mensch selbst. Selbstbekräftigungsfolgen der Handlungsresultate werden durch generalisierte leistungsthematische Normen bestimmt (Erdmann, 1983b).

Von Heckhausen (1972a) werden Diskrepanzerlebnisse als Anregungsbedingungen spontaner leistungsthematischer Tätigkeiten angesehen. Dabei wird ständig ein Ist-Wert aus der subjektiv erlebten Erfolgswahrscheinlichkeit ermittelt und mit dem durch normative Bezugssysteme gegebenen Soll-Wert verglichen. Daraus resultieren der Anreiz und die langfristige Grundlage für die Entwicklung des Leistungsmotivs (Erdmann, 1983b). Das Leistungsmotiv regelt beispielsweise den Umgang mit Gütemaßstäben, wodurch Leistungserwartungen, Handlungsformen und Bewertungskategorien festgelegt werden (Kleine, 1983).

Inner- sowie außersportlich sind auch andere Motive (z. B. Aggressions-, Anschluss-, Macht- und Gesundheitsmotiv) von Bedeutung. Das Leistungsmotiv ist dabei häufig in diese anderen, zum Teil übergreifenden Wertzusammenhänge (z. B. Machtmotiv) funktional eingebettet und bildet im Sport die Grundlage für leistungsmotiviertes Handeln (Stoll, 2010b). Jedoch reichen Talent und ein hohes Leistungsmotiv im Spitzensport nicht aus, um Erfolge zu erringen. Um erfolgreich zu sein, muss man sich selbst disziplinieren und kontrollieren können (Kuhl & Krug, 2006). Der Athlet benötigt dafür, besonders bei Ausdauer- und Kraftausdauersportarten, ein entsprechendes Machtstreben, um dies konsequent zu betreiben. Gerade in Sportarten wie Radfahren, Schwimmen oder Triathlon kommt es darauf an, sich im Training ständig zu verbessern. Höchstleistungen können jedoch nur erbracht werden, wenn Belastungsreize systematisch gesteigert werden und die Belastungsgrenze weiter nach oben verschoben wird. Zum Beispiel stellt das monotone Training im Schwimmen eine hohe Anforderung an das Vermögen sich selbst zu quälen, ist aber gleichzeitig die unabdingbare Voraussetzung für den Erfolg. Das Machtmotiv spielt eine wichtige Rolle, um den Gegner zu besiegen (z. B. 15 m vor dem Anschlag den Gegner auf keinen Fall vorbeiziehen lassen). Ausdauer- und Kraftausdauersportarten (z. B. Radfahren, Rudern, Schwimmen) erfordern ein ausgeprägtes Leistungs- und Machtmotiv (ebd., 2006).

2.3 Motivation, Leistungsmotivation und Zielsetzung

Motivation ist die allgemeine Bezeichnung für alle Prozesse, die körperliche und psychische Vorgänge verursachen, steuern oder aufrechterhalten (Zimbardo & Gerrig, 2008). Im Alltagsleben wird der Begriff Motivation jedoch auch häufig als Erklärung beim Versagen in Leistungssituationen herangezogen (Vollmeyer, 2005). Die Entstehung von Motivation lässt sich aus handlungspsychologischer Perspektive mit der Aktualisierung eines Motivs durch einen bestimmten Anreiz erklären (Stoll, 2010b). Im Vergleich zum Motiv ist Motivation ein aktueller Prozess oder Zustand, der dadurch gekennzeichnet ist, dass ein Motiv einerseits in einer gegebenen Situation angeregt und Handeln/Verhalten aktiviert bzw. intensiviert wird (s. Abb. 2) und zum anderen eine Richtung und/oder Ziel erhält (Lenk, 1977; Alfermann & Stoll, 2010).

„[...] motivation [...] is concerned with those factors which initiate or energise behaviour" (Moran, 2011, S. 38)

Im Gegensatz zum Motiv, das als relativ stabile Disposition verstanden wird, ist die Motivation als eine momentane, mehr oder weniger kurzfristige Handlungstendenz zu sehen (Weiner, 1975). Während des Motivationsprozesses sind unterschiedliche Hirnareale aktiv beteiligt: der präfrontale Kortex (explizite Motivation) und das lymbische System (implizite Motivation) (Stoll, 2010a). Rheinberg (2008) sieht Motivation als eine aktivierende Ausrichtung des momentanen Lebensvollzuges auf einen positiv bewerteten Zielzustand. Dieser kann einen positiven oder negativen Anreizcharakter aufweisen (Alfermann & Stoll, 2010).

Motivierte Personen sind an ihrer Zielstrebigkeit, Ausdauer, Anstrengung sowie den damit verbundenen Emotionen Freude und Begeisterung zu erkennen. Unmotivierte hingegen verfolgen kein Ziel, geben schnell auf und sind bestrebt, Anstrengung und negative Emotionen, wie Abneigung oder Lustlosigkeit, zu vermeiden (ebd., 2010). Schneider und Dittrich (1990) bezeichnen Emotionen als die Organisationskerne von Verhalten. Sie geben dem Verhalten die grundlegende Richtung vor (Aufsuchen → *HE* oder Meiden → *FM*). Je nach überwiegender Tendenz können Personen in erfolgszuversichtlich oder misserfolgsängstlich unterteilt werden. Weiterhin wird in aktuellen (z. T. amerikanischen) Publikationen noch in hoch- und niedrigmotiviert (*high achievers* bzw. *low achievers*) unterschieden (Alfermann & Stoll, 2010). Gleichbleibend ist jedoch, dass grundsätzlich Affekte im Mittelpunkt des Motivationsgeschehens stehen (McClelland, Atkinson, Clark & Lowell, 1953). Ein damit verbundener wichtiger Bestandteil der Motivation ist nach z. B. Roberts (1992) die

Energetisierung/Aktivation (Beckmann & Elbe, 2006). Beckmann und Rolstad (1997) belegen mit zahlreichen Befunden, dass eine Situation als Herausforderung gesehen wird, wenn sie unter Anstrengung zu erreichen ist. In diesem Fall kann die damit einhergehende Aktivierung kaum hoch genug sein und eine eventuell nachteilige Übermotivation, die sich leistungseinschränkend auswirken würde, tritt nicht auf. Situationen, die jedoch als bedrohlich und unkontrollierbar eingestuft werden, ziehen die Auslösung leistungsabträglicher kognitiver und physiologischer Prozesse nach sich. Zusammenfassend belegen diese Ergebnisse einen deutlich komplexeren Zusammenhang zwischen Erregung und Leistung, als es Yerkes und Dodson (1908) angenommen haben. Sie gingen davon aus, dass die Leistung bei mittlerer Erregung am höchsten sei (umgekehrte U-Funktion) (Beckmann & Elbe, 2006). Demnach führen zu niedrige oder zu hohe Motivationsintensitäten zu einer Leistungsminderung. Gleichzeitig nimmt dabei das Optimalniveau der Intensität mit zunehmender Aufgabenschwierigkeit ab. Das Schwierigkeitsgesetz der Motivation von Ach (1910) und Hillgruber (1912) steht teilweise im Widerspruch zu der umgekehrten U-förmigen Beziehung zwischen Motivation und Leistung, indem es ein Zusammenhang von hoher Motivationsstärke und hoher Leistungseffizienz nicht ausschließt. Gemäß diesem Gesetz steigt mit zunehmender Aufgabenschwierigkeit auch die aufgewendete Anstrengung monoton an (Strang, 1987).

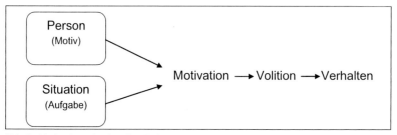

Abb. 2. Motivation als das Ergebnis einer Interaktion von Motiv und situativen Anreizen (Alfermann & Stoll, 2010, S. 111)

Bei der Motivation zum und im Sport sind tätigkeitsimmanente Anreize (z. B. das Erleben von Selbstständigkeit) wesentliche Elemente. Stimmen nach Heckhausen (1989) Handlung und Handlungsziel überein und wird das Handeln um seiner selbst Willen vollzogen, liegt intrinsisch motiviertes Handeln vor. Extrinsisch motiviertes Handeln ist gegeben, wenn eine Handlung in erster Linie aufgrund der erwarteten Folgen (z. B. Prämie, Reputation) durchgeführt wird (Beckmann & Elbe, 2006). Die handlungstheoretische Motivationstheorie (kognitiv-handlungs-theoretischer Ansatz) von Heckhausen (1989) hat den größten Einfluss auf die Sportpsychologie in Deutschland. In Anlehnung an klassische anthropologische Auffassungen wird aus der kognitiv-handlungstheoretischen Sichtweise hervorgehoben, dass der Mensch in erster Hinsicht ein planendes, auf die Zukunft ausgerichtetes und sich entscheidendes Wesen ist. Er ist somit kein reaktives Individuum, bei denen die auslösenden Bedingungen des Verhaltens in der Gegenwart oder Vergangenheit zu suchen sind, wie es in anderen Theorien (z. B. beim behavioristischen Ansatz) postuliert wird. Menschen setzen sich Ziele und handeln, um diese zu erreichen. Die Handlungen ergeben für sie einen subjektiven Sinn, sind zweckrational und durch Bewusstseinsprozesse gekennzeichnet. Durch die mehr oder weniger großen zur Verfügung stehenden Handlungsspielräume wird der Mensch dazu gezwungen, Entscheidungen zu treffen und diese zu verantworten. Dies ist möglich, da er zur Selbstreflexion seines Handelns befähigt ist (Heckhausen, 1989).

An der handlungstheoretischen Motivationstheorie von Heckhausen (1989) orientierend, sollen im Folgenden deren Grundaussagen auf die Leistungsmotivation übertragen werden. So unterscheidet Heckhausen (1989) zwei Tendenzen von Leistungsmotivation: *HE* und *FM* (Janssen, 1995; Stoll, 2010b). Dabei bestimmt die Stärke der Erwartungen das Maß der Gesamt-Leistungsmotivation (Gabler, 1981). Somit beruht seine Annahme auf einer Dichotomie von erfolgsmotivierten und misserfolgsmotivierten Personen. In den Ausführungen von Gabler (2002) werden weitere Motivationstheorien beschrieben. Dies sind z. B. der biologisch-physiologische (z. B. Berlyne, 1974), der ethologisch-instinkttheoretische (z. B. Lorenz, 1963), der tiefenpsychologisch-triebtheoretische (z. B. Freud, 1933), der behavioristisch-lerntheoretische (z. B. Hull, 1952) und der persönlichkeitstheoretische Ansatz (z. B. Murray, 1938) (Gabler, 2002). An dieser Stelle wird nicht weiter auf unterschiedliche Motivationstheorien eingegangen, da im Rahmen dieser Arbeit der Fokus insbesondere auf dem Leistungsmotiv und der Leistungsmotivation liegt und deren Elemente im Vordergrund stehen. Aus diesem Grund werden im weiteren Verlauf die für den Sportbereich bedeutendsten Leistungsmotivationstheorien (s. Kap. 2.3.1 bis 2.3.3) vorgestellt.

Damit sich leistungsmotiviertes Handeln einstellt, müssen folgende Bedingungen gegeben sein:

Ausgewählte sportwissenschaftliche Grundlagen

1. Das Ergebnis einer durchgeführten Handlung ist objektiv bewertbar.
2. Das Handlungsergebnis weist einen Gütemaßstab auf, der als Bezugsnorm zur Bewertung des Handlungsergebnisses dient und sich darauf beziehen lässt.
3. Der Gütemaßstab unterliegt einem Schwierigkeitsmaßstab.
4. Sowohl der Güte- als auch der Schwierigkeitsmaßstab müssen von handelnden Personen als verbindlich betrachtet werden.
5. Das Ergebnis muss von der handelnden Person selbst verursacht sein (Gabler, 2002).

Demnach kann Leistungsmotivation wie folgt definiert werden:

„Leistungsmotivation ist die Tendenz, nach einem bestimmten Ziel zu streben, einen bestimmten Erfolg zu erreichen, dann wenn das Leistungsmotiv diese Tendenz entscheidend bestimmt" (Lenk, 1977, S. 18).

„Leistungsmotivation lässt sich dementsprechend als das Bestreben kennzeichnen, eine Aufgabe zu meistern und dabei einen Gütemaßstab zu erreichen oder zu übertreffen, Hindernisse zu überwinden, Ausdauer auch bei Misserfolg zu zeigen und sich selbst für das Leistungsergebnis verantwortlich zu fühlen" (Alfermann & Stoll, 2010, S. 118).

Im Konstrukt des Sports haben drei Theorien der Leistungsmotivation eine besondere Beachtung erlangt. Dabei handelt es sich um das *Risikowahl-Modell* (Atkinson, 1974, Orig. 1965, Kap. 2.3.1), die *Theorie der Zielorientierung* (Nicholls, 1984; Kap. 2.3.2) und die *Attributionstheorie(n)* (z. B. Heckhausen & Weiner, 1974; Kap. 2.3.3). Die Theorie der Zielorientierung wurde von Duda und Roberts auf den Sportbereich übertragen und mit zahlreichen Studien belegt (z.B. Duda & Hall, 2001). Die beiden erst genannten Theorien sind den sozial-kognitiven Ansätzen zuzurechnen (Alfermann & Stoll, 2010).

2.3.1 Risikowahl-Modell

Das von Atkinson (1957) entwickelte *Risikowahl-Modell* dient zur Vorhersage individuell bevorzugter Aufgabenschwierigkeiten (Beckmann & Heckhausen, 2010). Der Ausgangspunkt dieses Modells war der personale Ansatz von McClelland et al. (1953). Dieser Ansatz unterscheidet die Motivdispositionen von *HE* und *FM* voneinander und betrachtet die mit dem Leistungshandeln verbundenen Affekte (Alfermann & Stoll, 2010; Brand, 2010). Atkinsons Theorie der Leistungsmotivation wurde von Millers (1951) Konfliktmodell beeinflusst (Weiner, 1994). In Anlehnung an Lewin (1935) resultiert für Atkinson leistungsorientiertes Verhalten aus einem Aufsuchen-Meiden-Konflikt, da bei jeder leistungsbezogenen Tätigkeit die Möglichkeit des Erfolges oder Misserfolges gegeben ist (Rudolph, 2009). Somit kann entweder Stolz oder Unzufriedenheit und Scham bezüglich der eigenen Leistung empfunden werden, was wiederum mit der Antizipation von positiven als auch negativen Affekten einhergehen kann. Nach Atkinson (1957, 1964) wird *HE* (Erfolgsmotiv) als emotionale Disposition definiert, Erfolge aufzusuchen, um somit positive leistungsbezogene Affekte zu maximieren. Die Disposition *FM* (Misserfolgsmotiv) definiert sich darüber, Misserfolge zu vermeiden und dadurch negative leistungsbezogene Affekte zu minimieren (Weiner, 1975, 1994). Das Modell von Atkinson kommt einer interaktionistischen Sichtweise von Motivation gleich. Neben dem Leistungsmotiv werden situative Anreize, Erfolgswahrscheinlichkeit (*W*) und der Anreizwert *der Aufgabe* (*A*), der von der subjektiven Erfolgswahrscheinlichkeit abhängig ist, mit einbezogen. Die Erfolgswahrscheinlichkeit ist umso größer, je geringer der Anreizwert, und umgekehrt. Eine mittelschwere Aufgabe wird daher häufiger als motivierend angesehen. Aufgrund der multiplikativen Verknüpfung der drei Parameter (Person- und zwei Situationsparamter) entsteht das Leistungshandeln:

Leistungsmotivation = $H_e \times W_e \times A_e$ bzw. $F_m \times W_m \times A_m$ (Alfermann & Stoll, 2010).

Die Grundannahme des *Risikowahl-Modells* ist, dass Individuen je nach Motivtendenz verschiedene Schwierigkeitsgrade wählen, einen unterschiedlichen Anreizwert in Leistungssituationen wahrnehmen und schließlich eine unterschiedliche Affektbilanz erfahren. Dies führt zu folgenden Prognosen:

1. Erfolgsmotivierte Personen suchen meist Aufgaben auf, die aus subjektiver Sicht mittelschwer sind. Dabei strengen sie sich maximal an, sind maximal ausdauernd und erleben mehr Zuversicht vor und Zufriedenheit nach der Handlung als Misserfolgsmotivierte. Die dabei erzielten Erfolge schreiben sie meist den eigenen Fähigkeiten zu.
2. Misserfolgsorientierte Personen umgehen, wenn möglich, leistungsbezogene Aufgaben. Ist ein Ausweichen nicht möglich, wählen sie Aufgaben, die subjektiv sehr leicht bzw. sehr schwer erscheinen. Bei mittlerer subjektiver Schwierigkeit zeigen sie minimale Anstrengung und Ausdauer. Misserfolge werden vorrangig auf die (mangelnden) eigenen Fähigkeiten zurückgeführt (Beckmann & Elbe, 2006).

Dieser Zusammenhang wurde bereits von Geron und Raviv (1993) beschrieben:

> „[...] people with high achievement motivation (MAS) [motive to approach success] usually express intermediate aspirations (they choose tasks with intermediate difficulty) while low achievers (MAF) [motive to avoid failure] express very low or very high aspiration levels" (Geron & Raviv, 1993, S. 107).

In ihren Kognitionen sind Erfolgsmotivierte hauptsächlich am Erfolg orientiert und streben nach diesem. Misserfolgsmotivierte Personen streben gleichermaßen nach Erfolg, allerdings sind ihre Kognitionen und Emotionen darauf gerichtet, Misserfolge zu vermeiden. Erfolgsmotivierte orientieren sich im Gegensatz zu Misserfolgsmotivierten eher an Zielen unter größerer Zeitperspektive und sind in der Lage auf Belohnungen zu warten (Gabler, 2002).

Das Konstrukt der Leistungsmotivation ist nicht selten durch konflikthafte Auseinandersetzungen eines Individuums mit seiner Umwelt gekennzeichnet (ebd., 2002).

In den Anfängen der Leistungsmotivationsforschung stand die empirische Prüfung des formalisierten Risikowahl-Modells von Atkinson (1974, Orig. 1965) im Mittelpunkt. Im weiteren Forschungsverlauf unterlag dieses Modell immer weiteren Differenzierungen bestehender Modellparameter. Die Aussicht auf eine Modellerweiterung ist nach Kuhl (1983) verworfen worden, wobei sein Modell zur Handlungskontrolle eine Erweiterung der ursprünglichen Leistungsmotivationstheorie verkörpert. In seinem Modell werden zwei Motivationszustände (*Handlungs-* und *Lageorientierung*), die mit fördernden bzw. behindernden Effekten bei der Handlungsrealisierung assoziiert werden, voneinander differenziert (Allmer, 1999). Auf Basis des Risikowahl-Modells wurde das Prozessmodell der Leistungsmotivation von Gabler (2002) entwickelt, das verdeutlicht, welche aktuellen, kognitiven und emotionalen Prozesse bei Individuen in sportlichen Leistungssituationen angeregt werden (s. Abb. 3). Die Abbildung zeigt, dass im Zusammenhang der Person-Umwelt-Interaktion nur die Handlung (6) und die situativen Bedingungen (1) beobachtbar sind. Die Kognitionen (3, 5, 7) und Emotionen (4, 8) werden über den Prozess der Anregung der Motive (2) erschlossen. Die individuelle Wertungsdisposition (Leistungsmotiv) stellt den Ausgangspunkt dar. Situative Bedingungen (z. B. ein Qualifikationswettkampf zur Weltmeisterschaft) bilden den Anreiz. Dem schließt sich ein kognitiver Prozess an, der sich auf der Basis der vorhandenen und anerkannten Gütemaßstäbe und individueller Erwartungen begründet. Der Athlet bewertet vor dem Wettkampf, einhergehend mit einer prospektiven Ursachenzuschreibung (Ursache von Handlung), seine Chancen auf einen Erfolg bzw. Misserfolg. Die handlungsnachfolgenden kognitiven Prozesse beziehen sich auf die Selbstbewertung der nicht leistungsthematischen Handlungsfolgen und auf die retrospektive Ursachenzuschreibung (Folge von Handlung). Auf diese beiden kognitiven Wertungen folgt eine emotionale Reaktion (z. B. Stolz oder Enttäuschung), die ihrerseits die individuellen Dispositionen (das Leistungsmotiv) beeinflussen und gleichzeitig der erneute Ausgangspunkt für einen Leistungsmotivationsprozess sind (Gabler, 2002; Stoll, 2010b).

Ausgewählte sportwissenschaftliche Grundlagen

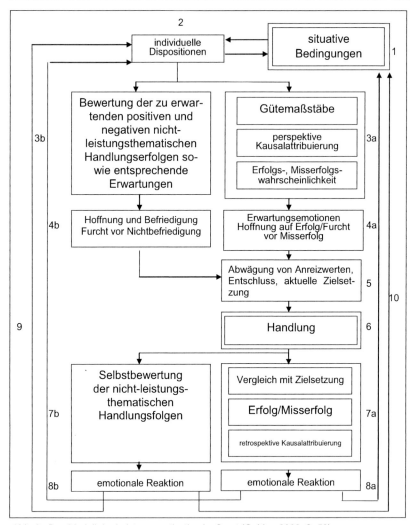

Abb. 3. Das Modell der Leistungsmotivation im Sport (Gabler, 2002, S. 53)

Da die Ursachenzuschreibung (Kausalattribution) im *Modell der Leistungsmotivation im Sport* von Gabler (2002) eine sehr bedeutende Rolle spielt und daher auch im Rahmen dieser Arbeit von Relevanz ist, wird hierauf näher im Kapitel 2.3.3 eingegangen.

2.3.2 Theorie der Zielorientierung

Die Entscheidungen einer Person bei der eigenen Zielsetzung und Aufgabenwahl wirken sich auf das Selbstbild bei der Wahrnehmung der eigenen Fähigkeiten aus und werden durch die folgenden vier Aspekte beeinflusst:

1. die Unterscheidung in Lern- vs. Leistungssituationen
2. die Wahrnehmung der eigenen Fähigkeiten
3. die eigene Zielsetzung
4. die Aufgabenwahl (Stoll, 2010b).

Die Theorie der Zielorientierung von Nicholls (1984) stellt eine Dichotomie von *task involvement* (Aufgabenorientierung) vs. *ego involvement* (Wettbewerbsorientierung) auf. Bei der Aufgabenorientierung wird danach gestrebt, Fähigkeiten zu erwerben, zu verbessern und die eigenen Kompetenzen zu erweitern (z. B. Erlernen von Bewegungsabfolgen). In Kontexten der Aufgabenorientierung werden die Fähigkeiten in Bezug auf die bisherige eigene Leistung eingeschätzt. Demnach können die Fähigkeiten nicht gering eingeschätzt bzw. mit negativen Affekten besetzt werden, da keine Vergleiche zu anderen Personen vorliegen. In aufgabenorientierten Situationen ist die eigene Zielsetzung die Bewältigung der Aufgabe, die zu einem Kompetenzzugewinn beiträgt. In Fällen einer vorliegenden Aufgabenorientierung werden Aufgaben mit mittlerer Erfolgswahrscheinlichkeit ausgewählt, da diese die beste Möglichkeit bieten, sich selbst eine hohe Kompetenz zu beweisen bzw. bei ihnen der Zugewinn an Kompetenz am höchsten ist. In der Theorie der Zielorientierung ist also die Wahl der entsprechenden Aufgabenschwierigkeit von enormer Bedeutung (ebd., 2010b).

Für eine Person in Situationen mit Wettbewerbsorientierung kommt es darauf an, im Vergleich mit anderen hohe Fähigkeiten zu zeigen bzw. geringe zu verbergen oder eben entsprechende Kontexte ökonomisch zu bewältigen (z. B. Wettbewerbssituationen mit Publikum). Das Ziel besteht darin, andere zu übertreffen und somit zu gewinnen. Die Wahrnehmung der eigenen Fähigkeiten erfolgt unter der agonalen Perspektive, wobei die Anstrengungen vorrangig in den Dienst der persönlichen Leistungsbestätigung rücken. Je nach Leistungsvergleich werden somit die eigenen Fähigkeiten als hoch bzw. gering eingeschätzt. Die Anstrengung wird meist negativ bewertet, da sie überwiegend mit Inkompetenz in Verbindung gebracht wird (ebd., 2010b). Als gelernte, relativ stabile Disposition (Motiv) wird ein eher *aufgaben-* oder *wettbewerbsorientiertes* Leistungsstreben einer Person verstanden. Im Training führt

eine hohe *Aufgabenorientierung* zu einer stabil hohen Leistungsmotivation. Diese steht im Zusammenhang mit weiteren positiven psychologischen Konstrukten, wie hohem Selbstwert, intrinsischer Motivation und geringer Wettkampfängstlichkeit (Alfermann & Stoll, 2010).
Die Zielsetzungstheorie von Nicholls (1984) wurde von Elliot (1999) um zwei Dimensionen erweitert. Er ergänzte das Konstrukt durch die Thematisierung von Annäherungs- und Vermeidungszielen und postuliert eine Trichotomie aus Bewältigungsleistungszielen vs. Annäherungsleistungs- und Vermeidungsleistungszielen. Annäherungsleistungsziele prägen die Annäherungsmotivation und das Verhalten wird durch positive Ereignisse ausgelöst. Personen handeln, da sie durch positive Anreize motiviert werden. Bei der Vermeidungsmotivation sind negative Ereignisse oder Konsequenzen der Auslöser für das Verhalten. Das Handeln erfolgt, da Personen motiviert sind, sich der Situation gar nicht erst stellen zu wollen. Bewältigungsleistungsziele hingegen bewirken positive Prozesse bezüglich des Leistungsverhaltens. Widersprüchliche Untersuchungen zu den Leistungszielen zeigen zum einen, dass Leistungsziele zu negativen Prozessen in Bezug auf das Leistungsverhalten führen können. Zum anderen haben Leistungsziele keinen bis geringen Einfluss auf das Leistungsverhalten. Aufgrund dieser Widersprüche unterscheidet Elliot (1999) Leistungsziele in Annäherungs- bzw. Vermeidungsleistungsziele (Stoll, 2010b).
In Kontexten von Leistungsaufgaben richtet sich die Aufmerksamkeit von Annäherungsleistungszielen auf das Erreichen eines positiven Ergebnisses. Bei Vermeidungsleistungszielen richtet sich demnach die Aufmerksamkeit auf das Erreichen eines negativen Ergebnisses. Generell erinnert die Theorie von Elliot (1999) stark an die Theorie von Heckhausen (ebd., 2010b).
Die resultierenden Konsequenzen aus den unterschiedlichen Zielsetzungen wirken sich auf die Person aus. Dabei sind die Auswirkungen abhängig von der individuellen Kausalattribuierung (Ursachenzuschreibungen). Grundsätzlich stehen die unterschiedlichen Zielsetzungen mit folgenden Konsequenzen in Verbindung:

1. Positive Ergebnisse/Prozesse werden durch Bewältigungsziele bewirkt.
2. Negative Ergebnisse/Prozesse entstehen durch Vermeidungsleistungsziele.
3. Positive als auch negative Ergebnisse/Prozesse werden durch Annäherungsleistungsziele hervorgerufen (ebd., 2010b).

Anschließende Folgen der Ergebnisse/Prozesse lassen sich in kurz- bzw. langfristig unterteilen (Stoll, 2010b).
Bei Leistungszielen zeichnen sich Attributionsmuster dadurch aus, dass die eigene Leistung auf Fähigkeiten und nicht auf Anstrengung zurückgeführt wird. Im Falle von schlechten Leistungen werden diese auf die eigenen Fähigkeiten zurückgeführt und es entstehen Selbstzweifel. Kurzfristig gesehen treten negative Affekte gegenüber Lern- und Leistungsaufgaben, Angst in Bewertungssituationen, eine verminderte intrinsische Motivation sowie wenig Interesse für den Lern- und Leistungsgegenstand, Unaufmerksamkeit beim Lernen und Leisten sowie unorganisiertes Trainieren auf. Als langfristige Folgen sind die Verwendung ungünstiger Lösungsstrategien und die Vermeidung von Bewertungssituationen sowie Angst im Vorfeld solcher Situationen zu nennen (ebd., 2010b).
Kurzfristige positive Folgen von Annäherungsleistungszielen liegen z. B. darin, dass Situationen als Herausforderung betrachtet werden und mehr Interesse am Leistungsgegenstand gegeben ist. Im Altersgang steigt das Niveau der Zielsetzung und es erfolgen adäquatere Lösungsansätze sowie bessere Leistungsergebnisse. Die kurzfristigen negativen Folgen von Annäherungsleistungszielen können sich in Leistungsangst niederschlagen, während sie langfristig dazu führen können, dass schlechte Lösungsansätze verwendet werden und es zu einer geringen Inanspruchnahme von Hilfe sowie schlechteren Leistungsergebnissen kommt. Im Vergleich zu Annäherungsleistungs- und Vermeidungszielen erzeugen Bewältigungsleistungsziele eine stabilere Leistungsmotivation, wenngleich damit nicht sicher gestellt ist, dass Athleten auch entsprechend leistungsspezifisch agieren (ebd., 2010b).
Leistungsmotivation kommt am besten in den Zielen zum Ausdruck, die sich ein Mensch bei der Bewältigung gestellter Aufgaben gesetzt hat. Der Zielsetzung liegen zwar Motivationsvorgänge zugrunde, doch sind sie nicht mit dieser identisch, sondern stellen eher ein Resultat dar, an dem neben verschiedenen Motiven auch andere Vorgänge beteiligt waren (z. B. kognitive Vorgänge) (Weiner, 1975). Moran (2011) gibt an, dass „[...] athletes require a map or signpost which will channel their motivational energy effectively. One way of providing this signpost is through a procedure called 'goal setting' " (Moran, 2011, S. 55).
Dabei ist es wichtig, dass Ziele bestimmte Anforderungen erfüllen, für den Athleten erreichbar sind und von seinem Umfeld akzeptiert (z. B. Trainer, Trainingspartnern, Eltern, Lehrer) bzw. nach Möglichkeit selbstständig bestimmt werden. Damit einhergehend sollte eine zeitlich überschaubare Perspektive im Zielsetzungsprozess zu erkennen sein. Das Ausformulieren von kurz-, mittel-

und langfristigen Zielen wirkt sich unterstützend auf den Entwicklungsprozess aus und kann sich bei einer rückblickenden Überprüfung des Ergebnisses der Zielerreichung bei Erfolg als ein positiver Verstärker auswirken. Bei Misserfolg bzw. dem Nichterreichen des gesetzten Ziels kann eine entsprechende Kausalattribution vorgenommen werden, um die Motivation für die Aufrechterhaltung des Trainingsprozesses zu unterstützen (Alfermann & Stoll, 2010).

Die Zielsetzung folgt dem Prinzip, das angestrebte Ziele als eine Herausforderung angesehen werden, was mit der Erzeugung einer positiven Spannung einhergeht. Besitzt ein Athlet keine angemessene Zielsetzung, dann wird er über- oder unterfordert (Stoll & Ziemainz, 2009). Dies kann dazu führen, dass eine Überforderung in den völligen Motivationsverlust und somit in die Aufgabe der Tätigkeit mündet. Weiterhin hat jeder Mensch einen anderen Stil, im Nachhinein sein Gelingen bzw. Misslingen zu begründen (Alfermann & Stoll, 2010).

Misserfolgsmotivierte setzen sich, wie bereits erwähnt, gegenüber Erfolgsmotivierten eher zu hohe und unrealistische Ziele. In dieser unangemessenen Zielsetzung sieht Heckhausen (1963) eine Bewältigungssucht, die Selbstunsicherheit, welche aus Konflikten zwischen Erfolgswünschen und Misserfolgsbefürchtungen resultiert, durch eine überhöhte Zielsetzung zu überwinden. Untersuchungen haben zum einen gezeigt, dass im Spitzensport übliche langfristige Ziele nicht ausschließlich vom erzielten eigenen Leistungsstand und den vergleichbaren Leistungsverbesserungen der Konkurrenten abhängig sind, sondern zusätzlich durch soziale Anregungen über den Trainer, die Trainingsgruppe und durch die vorherrschende Leistungsatmosphäre des Vereins beeinflusst werden (Gabler, 1981). Zum anderen zeigten Weinberg, Burton, Yukelson und Weigand (2000), dass Athleten, die generell eine hohe Zielsetzung bevorzugen, bei einer mittelschweren Zielsetzung die besten Leistungen im sportlichen Kontext erbringen (Birrer & Seiler, 2006). Weiterhin geht aus einer Vielzahl von Studien hervor, dass Personen mit einer ängstlichen und depressiven Persönlichkeit eher dazu tendieren, ihre Erfolge external und Misserfolge internal zu attribuieren. Demnach werden Erfolge mit Glück oder Zufall begründet und Misserfolge auf Unzulänglichkeiten der eigenen Leistungsfähigkeit zurückgeführt. Für die eigene Motivation ist diese Art der Kausalattribution weniger vorteilhaft. Die Erklärung des Erfolges bzw. Misserfolges entscheidet über das weitere Vorgehen und ob die angestrebten Ziele weiter verfolgt oder aufgegeben werden. Motivational günstigere Attributionsmuster führen z. B. Erfolge auf Fähigkeiten/Anstrengung (internal) und Misserfolge auf eine schlechte Tagesform/unzulängliche Vorbereitung (variabel und/oder external) zurück (s. Kap. 2.3.3; Alfermann & Stoll, 2010).

Neben einer realistischen Zielsetzung, eine der bestimmenden Techniken zur Motivierung, sollte außerdem ein günstiges Attributionsmuster sowie die Fähigkeit, sich mehr über Erfolge zu freuen als über Misserfolge zu ärgern, im Athleten verankert sein (ebd., 2010). Es gibt Momente, in denen der Athlet klar das angestrebte Ziel reflektiert und die damit verbundenen Anforderungen unüberwindbar wirken. Gerade bei der Zielschwierigkeit unterscheidet man in Optimal-, Normal- und Minimalziel. Mit einer Wahrscheinlichkeit von 30-60 Prozent sollte das Normalziel erreichbar sein. Das Optimalziel sollte realistisch und als anzustrebende Version dienen, jedoch ist es nur bei einem optimalen Verlauf umsetzbar. Als Rettungsanker gilt das Minimalziel, da es bei einem schlechten Wettkampfverlauf noch ein Minimum an Erfolgserlebnis sichern soll. Mit dieser Differenzierung ist es möglich, Erfolgserlebnisse zu sichern, Erwartungsdruck zu minimieren und die Realisierung der Zielsetzung als erreichbar einzustufen (Stoll & Ziemainz, 2009).

Um eine adäquate Zielsetzung zu erreichen, empfiehlt es sich folgende Prinzipien zu beachten:

1. Eine prägnante Zielformulierung, um in der veranschlagten Zeit das anvisierte Ziel erreichen und eine Leistungssteigerung messen zu können.
2. Anvisierte Ziele sollten herausfordernd und durch Zwischenziele bis hin zum Endziel kontrollierbar sein. Die Leistungen und die Zielerreichung sollten immer unter persönlicher Kontrolle gehalten werden.
3. Ziele sollten dem aktuellen Leistungsstand entsprechen und Personen sollten danach streben, sich Schritt für Schritt zu verbessern. Die Ziele sollten weder undurchführbar noch korrigierbar sein.
4. Alle Ziele sollten persönliche Ziele sein und im Zusammenhang mit der Leistungsfähigkeit stehen.
5. Motivation lässt sich durch Erfolg steigern und stabilisieren. Erfolge sollten sicht- und messbar sein. Gleichzeitig erhöht die Vielfältigkeit von Zielen die Wahrscheinlichkeit von Erfolg (ebd., 2009).

Die Prinzipien der Zielsetzung werden in der angloamerikanischen Literatur bereits länger diskutiert. Gleichzeitig konnte ihre Wirksamkeit metaanalytisch nachgewiesen werden (Kyllo & Landers, 1995). Berichte über die Anwendung eines entsprechenden Zielsetzungstrainings (s. dazu auch Kap 3.4) lassen sich in der deutschsprachigen sportpsychologischen Literatur finden (Schmidt, 2001; Stoll & Ziemainz, 1999; Lau, Stoll & Wahnelt, 2002) (Alfermann & Stoll, 2010).

Im Sport, besonders im Training und im Wettkampf, scheinen neben der Leistungsmotivation spezifische Zielorientierungen eine tragende Rolle in den motivationalen Prozessen zu spielen. Theorien der Zielorientierung setzen am spezifischen Punkt des Leistungsmotivationsprozesses (dem Prozess der Zielsetzung) an. Er ist der eigentliche Anreiz, der leistungsmotiviertes Handeln mitbestimmt. Die Leistungsmotivation schwächt ab, sobald eine Zielsetzung unrealistisch wird (Stoll, 2010b). Somit wird das Gelingen oder Misslingen einer Aufgabe nur dann als ein Erfolg bzw. Misserfolg erlebt, wenn die erzielte Leistung der eigenen Zielsetzung bzw. dem eigenen Anspruchsniveau entspricht oder eben dahinter zurückbleibt (Gabler, 1981). Wie Ergebnisse aus der Zielsetzungsforschung zeigen, erfolgen Formulierungen von Absichten in Form von klaren Zielen. Nach Bull, Albinson und Shambrook (1996) sollten sie SMART (**s**pezifisch, **m**essbar, **a**npassbar, **r**ealistisch, **t**ermingebunden) sein, um eine optimale Wirkung zu entfalten. Übertragen auf den Sport entsprechen die Erkenntnisse von Locke und Latham (1985) den allgemeinen Ergebnissen der Zielsetzungsforschung. Neben der bereits erwähnten Unterscheidung von Zielen (s. o.) empfehlen sie ebenfalls, die kurzfristige Zielsetzung als Zwischenstation zur Erreichung von langfristigen Zielen zu nutzen. Dies ist sinnvoll, sobald die Handlung komplexer und der zu erwartende Widerstand bei der Handlungsausführung größer wird. Gleichzeitig betonen Hardy, Jones und Gould (1996), dass Athleten bei ihrer Zielsetzung lernen müssen, welche Art von Zielsetzung zu welchem Zeitpunkt am besten für die Leistungserbringung ist. Demnach dienen Rangziele, z. B. in harten Trainingsphasen mit relativ großem zeitlichen Abstand zur Zielerbringung, dazu, die Motivation weiter aufrecht zu erhalten. Während Leistungsziele gut geeignet sind, um Fortschritte zu verdeutlichen, Selbstvertrauen aufzubauen und Wettkampfsituationen zu simulieren, dienen Prozessziele dazu, die Aufmerksamkeit auf wesentliche Punkte der Handlung zu lenken und den Aufbau von Wettkampfangst einzugrenzen. Gemäß Locke und Latham (1985) wirken Zielsetzungen nur dann, wenn eine zeitgerechte Rückmeldung über die Zielerreichung erfolgt (Birrer & Seiler, 2006).

Zielsetzungstheorien erforschen, warum sich Personen in ihrer Zielsetzung unterscheiden und welche Aufgabe sie wählen. Ein starker Zusammenhang besteht hier zum Fähigkeitsbegriff und damit, wie Personen ihre Fähigkeiten einschätzen. Die folgenden Ansätze differenzieren zwei Tendenzen von Zielorientierungen. Dies sind zum einen die Aufgabenorientierung und zum anderen die Wettbewerbsorientierung (Alfermann & Stoll, 2010; Stoll, 2010b). Nach White und Duda (1994) besitzen Spitzensportler eine höhere Wettbewerbsorientierung als Nicht-Spitzensportler (Beckmann & Elbe, 2006; Alfermann & Stoll,

2010). Ob jedoch ein Individuum eher eine Disposition zu aufgabenorientiertem oder wettbewerbsorientiertem Handeln ausweist, ist laut Roberts, Treasure und Conroy (2007) auch eine Folge von Sozialisierungsprozessen im privaten Umfeld sowie in Leistungssituationen:

> „Individual differences in the disposition to be ego- or task-involved may be the result of socialization through task- or ego-involving contexts in the home or experiences in significant achievement contexts (e.g. classrooms, physical activities; Nicholls 1989) (Roberts, Treasure & Conroy, 2007, S. 6).

Eine größere Erfolgszuversichtlichkeit, zusammen mit einer realistischen Zielsetzung und einer geringeren Misserfolgsängstlichkeit stellen für Gabler (1995) bedeutsame Voraussetzungen im Kontext einer überdauernden Aufrechterhaltung der Leistungsbereitschaft im Training dar (Beckmann & Elbe, 2006). Festzuhalten ist, dass sportliche Siege oder Niederlagen sowie gelöste bzw. nicht bewältigte Trainings- und Übungsaufgaben nicht ‚mechanisch' Erfolgs- und Misserfolgserlebnisse im Athleten hervorrufen. Diese sind eher das Ergebnis des Widerstreits zwischen dem, was der Sportler unbedingt erreichen will und sich auch zutraut, und dem tatsächlichen Resultat, d. h. der wirklich erbrachten Leistung (Kunath, 2001).

2.3.3 Kausalattribution

Als Attribution wird der Prozess charakterisiert, in dem ein Handlungsresultat einer Ursache zugeschrieben wird. Die Ursachenzuschreibung für einen Erfolg bzw. Misserfolg hat erheblichen Einfluss auf die affektiven Reaktionen nach einem Erfolg oder Misserfolg, was wiederum für die Motivationslage einer Person von Bedeutung ist (Beckmann & Elbe, 2006). Gleichzeitig beeinflussen Ursachenzuschreibungen (Kausalattributionen) unser Erleben und Verhalten. Personen suchen nicht nur nach Ursachen, um ihr Verhalten zu optimieren, sondern auch um das Verhalten anderer vorherzusagen und eventuell sogar beeinflussen zu können. Es werden somit die Kausalattributionen gesucht, die Individuen zur aktiven Beeinflussung anderer Personen vornehmen, da ihnen bewusst ist, dass Ursachenzuschreibungen das Verhalten steuern können. Nach Kelley (1971) haben Ursachenzuschreibungen das Ziel, eigenes Handeln noch effektiver zu gestalten (Stiensmeier-Pelster & Heckhausen, 2010). Das Risikowahl-Modell von Atkinson (s. Kap. 2.3.1) bildet unter anderem die Grundlage für die *Attributionalen Theorien* (Alfermann & Stoll, 2010), die sich folgendermaßen definieren lassen:

„Attributionale Theorien der Psychologie befassen sich mit den Auswirkungen von Attributionen (Ursachenzuschreibungen) auf das menschliche Erleben und Verhalten sowie speziell auf Motivation und Emotion" (zsf. Alfermann & Stoll, 2010; Stoll, 2010b, S. 66).

Nach Kelley und Michela (1980) lassen sich innerhalb dieser Forschung zwei Gruppen von Theorien definieren (vgl. Abb. 4; Stiensmeier-Pelster & Heckhausen, 2010). Sie unterscheiden hier zwischen Attributionstheorien im engeren Sinne, die sich mit dem Interferenzprozess zwischen aktuell gegebener Information und vorgenommener Attribution beschäftigen, und attributionalen Theorien, deren Gegenstand die Konsequenzen von Attribution sind (Böhm, 1994). Für die Motivationspsychologie sind die attributionalen Theorien von besonderer Relevanz, weshalb diese im Folgenden näher beschrieben werden sollen (Stiensmeier-Pelster & Heckhausen, 2010).

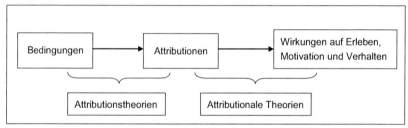

Abb. 4. Erklärungsbereich der Attributionstheorien und der attributionalen Theorien (nach Kelley & Michela, 1980) (Stiensmeier-Pelster & Heckhausen, 2010, S. 390)

Die attributionalen Theorien sind hauptsächlich auf Heider (1984), Kelley (1973) und Weiner (1986) zurückzuführen und klassifizieren die für das Handeln ausschlaggebenden Ursachenzuschreibungen. Dies ist durch die Aufschlüsselung der gemeinsamen Merkmale der Attributionen möglich. Neben Heider, Kelley und Weiner ist auch Heckhausen (1974) als eine der wichtigsten Personen dieses Ansatzes zu nennen (Alfermann & Stoll, 2010; Stoll, 2010b). Heider (1984) legte das Millsche Konzept (1950) seinen Studien zugrunde und untersuchte, wie es zu naiv-psychologischen Erklärungen beobachteter Handlungseffekte kommt.[5] Wie Lewin unterscheidet Heider (1984) zwischen Personkräften und Umgebungskräften (Böhm, 1994; Heckhausen, 2010). Dieses Modell wurde überwiegend im Leistungskontext bei der Attribution von Erfolg und Misserfolg angewendet (z. B. Weiner, Frieze, Kukla, Reed, Rest & Rosenbaum, 1971) (Böhm, 1994).

---

5   Zur Übersicht siehe Böhm (1994, S. 35-37).

Heiders allgemeiner theoretischer Rahmen war stark von der Gestaltpsychologie und den Ansätzen Lewins beeinflusst (Weiner, 1994). Im Unterschied zu Lewin analysierte Heider (1958) die Beantwortung von „Warum-Fragen" im Erleben des Handelnden bzw. des Beobachters. Keine Beobachtung von Verhalten und Ereignissen läuft ohne Ursachenzuschreibung ab. Besonders wird nach Ursachen gesucht, wenn das beobachtete Geschehen auf den ersten Blick rätselhaft bleibt. Das weitere Handeln hängt entscheidend von den Ergebnissen ab, etwa von den Intentionen, die man einem Handlungspartner zuschreibt (Heckhausen, 2010.)

Im Sport nehmen Athleten Kausalattributionen vor, wenn sie im Erfolgs-/Misserfolgsfall Gründe für den persönlichen Erfolg bzw. Misserfolg suchen (Alfermann & Stoll, 2010). Dabei sind besonders die selbstwertdienlichen oder selbstwertschützenden (*self-serving*) Attributionsmuster interessant. Diese Muster verändern sich in Abhängigkeit davon, ob ein Athlet Erfolg oder Misserfolg erlebt hat. Demnach werden positiv bewertete Ergebnisse (selbstwertdienlich) vorrangig auf internale und stabile Ursachen (z. B. eigene Fähigkeit) attribuiert, um den eigenen Selbstwert zu erhöhen. Misserfolge werden meist zum Selbstschutz external und variabel ermittelt. Besonders Sportler nutzen dieses Attributionsmuster, wenn sie ihre eigenen Leistungen erklären müssen (Alfermann & Strauß, 2001).

Mit Hilfe des von Weiner (1986) entwickelten dreidimensionalen Klassifikationssystems ist eine Einordnung von Ursachen für Erfolg oder Misserfolg möglich (Alfermann & Stoll, 2010; Stoll, 2010b). Meist geht es dabei um hohe oder mangelnde Fähigkeit/Anstrengung, um die Aufgabenschwierigkeit und um den Zufall zur Erklärung leistungsthematischer Ergebnisse. Kausalfaktoren, welche Erfolg und Misserfolg erklären, sind unter anderem physische Merkmale oder bestimmte Eigentümlichkeiten der eigenen Persönlichkeit. Die festgelegten Ursachenfaktoren werden dann hinsichtlich bestimmter Eigenschaften in Weiners System in folgende handlungsbestimmende Kausaldimensionen untergliedert:

1. die *Lokation* (internale vs. externale Ursachen),
2. die *(Zeit-) Stabilität* (stabile vs. variable Ursachen) und
3. die *Kontrollierbarkeit* (kontrollierbare vs. unkontrollierbare Ursachen)
 (Stiensmeier-Pelster & Heckhausen, 2010; Stoll, 2010b).

Nach Weiner ist die *Lokation* personenabhängig und wird gelegentlich als Internalität bezeichnet. Bei der Lokation ist der Ursachenfaktor in der Person des Handelnden (internal) oder in äußeren Umständen bzw. anderen Personen (external) begründet. Mit *Stabilität* benennen Weiner et al. (1971) die Tatsache, ob ein Ursachenfaktor über die Zeit hinweg bestehen bleibt (stabil) oder sich mit der Zeit verändert (variabel). Für den letzten Ursachenfaktor Steuerbarkeit hat Rheinberg (1975) die *Kontrollierbarkeit* bzw. die Intentionalität der Ursachenfaktoren herausgearbeitet. Mit Kontrollierbarkeit ist gemeint, ob der Ursachenfaktor durch die Person beeinflusst werden konnte (kontrollierbar) oder aber sich der Kontrolle der Person entzog (unkontrollierbar). Intentionalität meint, ob der Ursachenfaktor durch die Person absichtlich herbeigeführt wurde (intentional) oder unabsichtlich hervorgerufen wurde. Die Intentionalität eignet sich möglicherweise weniger zur Charakterisierung einer Ursache, sondern mehr für die Beschreibung eines Grunds für bestimmte Handlungen. Eine weitere Kausaldimension ist die Globalität (die Frage ob ein Ursachenfaktor sich auf viele Situationsbereiche generalisieren lässt, also global ist, oder sich die Wirkung nur auf eine ganz bestimmte Situation beschränkt, also spezifisch ist) (z. B. Abramson, Seligman & Teasdale, 1978) (Stiensmeier-Pelster & Heckhausen, 2010).

Kausale Zuschreibungen haben sowohl kognitive als auch affektive Konsequenzen. Mit kognitiven Konsequenzen sind die Erwartungen auf zukünftigen Erfolg bzw. Misserfolg gemeint. Diese wiederum schlagen sich in Gefühlen der Zuversicht (Hoffnung) oder eben der Hoffnungslosigkeit nieder. Nach Weiner et al. (1971) hängt die Erwartung des zukünftigen Erfolgs oder Misserfolgs davon ab, wie die Stabilität und die Globalität des Ursachenfaktors eingeschätzt wird. Der Zusammenhang zwischen Attribution und zukünftigen Erfolgserwartungen ist wesentlich vielschichtiger als von Weiner (1986) angenommen. Es ist nicht relevant, ob die zur Erklärung von Erfolg und Misserfolg herangezogene Ursache stabil und/oder global ist. Viel wichtiger ist es, ob die Ursache über die Zeit hinweg verhaltenswirksam ist. Aus Sicht der Attributionstheoretiker haben Kausalattributionen die Funktion, Umweltbedingungen vorher zu sagen und zu kontrollieren. Somit müssten Ursachenerklärungen, die sich durch Instabilität auszeichnen, sehr unbefriedigend sein. Wenn man jedoch zugesteht, dass Erfolgserwartungen auch von der Kontrollierbarkeit der Ursache abhängen, dann lässt sich dieses Dilemma beseitigen. Unter der Prämisse, Ergebnisse vorherzusagen und kontrollieren zu können, stellt eine Attribution von Misserfolg auf mangelnde Fähigkeiten (stabil aber unkontrollierbar) ein Problem dar. Diese Attribution erlaubt die Vorhersage zukünftiger Ergebnisse, doch kaum die Ausübung von Kontrolle (ebd., 2010). Weiterhin beeinflussen kausale Zuschreibungen neben den Erwartungen auch Gefühle (Affekte). Dabei ist in selbstgerichtete und anderweitig gerichtete Gefühle (Affekte) zu unterscheiden. Gemeint ist damit der Objektbezug der Emotion

(Meyer, Schützwohl & Reisenzein, 1993). Man ist stolz auf sich (Objekt ist die eigene Person) oder man bemitleidet jemanden (Objekt ist eine andere Person).

Das Auftreten selbstgerichteter Gefühle (z. B. Stolz, Selbstachtung) wird durch die Kausaldimension der Lokation beeinflusst. Diese Gefühle sollten vorrangig auftreten, wenn man ein Ergebnis auf internale Ursachen (z. B. Fähigkeit, Anstrengung) zurückführt. Die Dimension der Kontrollierbarkeit hingegen beeinflusst selbstgerichtete und auf andere gerichtete Gefühle. Nach einem Misserfolg kommt es zu Gefühlen der Schuld, wenn die jeweilige Person den Misserfolg auf kontrollierbare und gleichzeitig internale Ursachen (z. B. Anstrengung) zurückführt. Wird ein Misserfolg jedoch auf unkontrollierbare, internale Ursachen (z. B. mangelnde Fähigkeit) zurückgeführt, dann kommt es zu Schamgefühlen (Stiensmeier-Pelster & Heckhausen, 2010). Dieser Zusammenhang wird auch in der angloamerikanischen Literatur beschrieben, denn „in the case of failure, internal attributions will be associated with shame, external ones with surprise and/or anger" (Shaw, Gorely & Corban, 2005, S. 74).

Aus den genannten Dimensionierungen der Ursachenzuschreibungen resultiert das Vier-Felder-Schema der Kausalattribution mit den klassischen Ursachenfaktoren Fähigkeit, Anstrengung, Schwierigkeit der Aufgabe und Zufall (s. Tab. 2).

Tab.2. *Klassifikationsschema für Ursachen von Erfolg und Misserfolg (nach Weiner et al., 1971, S. 2 aus Stiensmeier-Pelster & Heckhausen, 2010, S. 417).*

Stabilität	Lokation	
	Internal	external
stabil	Fähigkeit	Aufgabenschwierigkeit
variabel	Anstrengung	Zufall

Im Leistungszusammenhang können als internale Faktoren Fähigkeit, Anstrengung, Stimmung, Müdigkeit oder Krankheit einer Person angesehen werden, wobei Aufgabenschwierigkeiten, Zufall und der Einfluss anderer Personen Ursachen darstellen, die in der Umwelt, also external, lokalisiert sind. Als zweite Dimension betrachtet Weiner die Stabilitätsdimension. Wie bereits angedeutet, gelten stabile Faktoren als überdauernd und nicht wechselnd, wohingegen instabile Faktoren Schwankungen unterliegen. Die Einteilung von Zufall oder Glück als extern instabile Faktoren dürfte allgemein akzeptabel sein, wenngleich idiosynkratrische Interpretationen einzelner Personen existieren, die sich selbst als „Glückspilz" verstehen und dieses Ereignis als internal stabil und unkontrollierbar deuten (Fischer & Wiswede, 2009).

Durch die später in das Modell integrierte Kausaldimension der Kontrollierbarkeit werden Ärger, Dankbarkeit und Mitleid als auf andere gerichtete Gefühle determiniert. So ist mit dieser Dimension die Unterscheidung zwischen den beiden internalen und variablen Faktoren Müdigkeit (nicht kontrollierbar) und Anstrengung (kontrollierbar) möglich (Möller, 2008). Nach Weiner et al. (1971) bestimmen kognitive und affektive Konsequenzen der Ursachenanalyse das nachfolgende Verhalten. Das Modell von Weiner et al. (1971) ist nicht nur auf Leistungsverhalten beschränkt, sondern kann auch Verhalten in ganz unterschiedlichen Bereichen erklären. Weiner hat es angewendet, um leistungsbezogenes Verhalten und Verhalten in sozialen Interaktionen zu erklären (Stiensmeier-Pelster & Heckhausen, 2010).

Weiners Ansatz (1986) ist eine typische Erwartungs-mal-Wert-Theorie. Das Verhalten ist determiniert durch die Erfolgserwartung (Erwartungskomponente) und die als Anreizkomponente anzusehenden Affekte, die dem Risikowahl-Modell von Atkinson (1957) ähnlich sind. Nach Weiner wird dann eine leistungsbezogene Tätigkeit aufgenommen, wenn eine hinreichende Erfolgserwartung und in der Vergangenheit als Folge von Erfolg Stolz erlebt wurde und damit antizipiert werden kann, um erneut Stolz erleben zu können. Vergleichend zum Risikowahl-Modell ist es hier der bereits erlebte Affekt, der verhaltenswirksam wird. Die Beziehung zwischen Attribution und Erwartungsänderungen wurde als erstes von Meyer (1973b) überprüft. Dennoch ist der Zusammenhang zwischen Attribution und Erwartungsänderungen komplexer als Weiner (1985a) und Meyer (1973b) angenommen hatten. Einerseits kann die Ergebnisattribution die Erwartung zukünftiger Erfolge beeinflussen, andererseits kann auch die Ergebniserwartung bestimmen, welche Attribution für ein zukünftiges Ergebnis vorgenommen wird. Widerspricht ein Ergebnis der ursprünglichen Erwartung, wird es umso weniger auf stabile Faktoren zurückgeführt. Diese Theorie geht aus der Grundannahme der Attributionstheorien hervor. Der Mensch ist bestrebt den Verlauf von Dingen vorherzusagen und beeinflussen zu können. Dies gelingt jedoch nur, wenn die Welt ein gewisses Maß an Stabilität aufweist und nicht ständig die Sicht der Dinge revidiert wird, wenn ein erwartungswidriges Ergebnis auftritt. Ist beispielsweise der Glaube an eine Begabung vorhanden, so wird die Aufgabenbearbeitung mit hohen Erfolgserwartungen angegangen. Tritt jedoch unmittelbarer Misserfolg ein, so wird die Begabungseinschätzung nicht revidiert. Viel wahrscheinlicher ist es, dass der Misserfolg auf Zufall, mangelnde Anstrengung oder einen anderen variablen Faktor attribuiert wird. Diese Form der Attribution entspricht dem Kovariationsprinzip von Kelley (1973)[6] (ebd., 2010).

Weiner (1972, 1974) konnte mit seiner Theorie ebenfalls Aussagen über die Leistungsmotivation treffen. Bei ihm unterscheiden sich Personen mit hoher Leistungsmotivation in ihren Attributionen von Menschen mit geringer Leistungsmotivation. Folglich führen leistungsmotivierte Personen Erfolge auf hohe Begabung und Anstrengung zurück und Misserfolge auf mangelnde Anstrengung (Herkner, 1980). Shaw, Gorely und Corban (2005) beschreiben diese Zusammenhänge folgendermaßen:

> "The basic suggestion is that athletes, who attribute stable and internal causes to successful outcomes will be more likely to choose to participate again, to practice more, and as a result eventually play better than those who believe their success was unstable and externally caused" (Shaw, Gorely & Corban, 2005, S. 73-74).

Der internalen Kausalattribuierung werden durch eine Person selbst kontrollierbare interne und externe Faktoren zugeteilt. Diese Handlungsdeterminanten gehören zum persönlichen Verantwortungsbereich, da Beeinflussungsmöglichkeiten in Form von Vorbereitungs- und Vorbeugungsmaßnahmen ergriffen werden können, um für angemessene Handlungsvoraussetzungen zu sorgen. Zu den internalen Faktoren gehören z. B. Begabung (eher stabil) und Anstrengung (eher variabel). Alle internen und externen Faktoren, welche nicht kontrollierbar sind, gehören der externalen Kausalattribuierung an. Bei ihnen ist es nicht möglich Vorbereitungs- und Vorbeugungsmaßnahmen zu ergreifen, da die Handlungsdeterminanten nicht der willkürlichen Kontrolle der handelnden Person unterliegen. Beispielsweise wird die Aufgabenschwierigkeit als external stabile Ursache und Zufall (Glück, Pech) als external variabel wahrgenommen. Generell wirken aber beide Ursachengruppen anteilmäßig verursachend und je nach dem welche Ursachen (kontrollierbar oder unkontrollierbar) überwiegen, kann von internaler bzw. externaler Kausalattribuierung ausgegangen werden. Sowohl internale als auch externale Kausalattribuierung beziehen sich auf das Handlungsresultat und auf den Handlungsablauf, welche beide im Hinblick auf die Zielerreichung bzw. Zielverfehlung zu beurteilen sind. Für die Kausalattribuierung ergeben sich folgende Grundformen:

---

[6] Siehe dazu Stiensmeier-Pelster und Heckhausen (2010, S. 389-426).

1. Internale und externale Kausalattribuierung der Zielerreichung/Zielverfehlung bezogen auf das Handlungsresultat.
2. Internale und externale Kausalattribuierung der Zielerreichung/Zielverfehlung bezogen auf den Handlungsablauf (Allmer, 1978).

Beide Grundformen können bei der Kausalattribuierung eines bestimmten Handlungsausgangs kombiniert vorkommen (Allmer, 1978; Beckmann & Elbe, 2006).

Im Zusammenhang mit Erwartungsänderungen spielt die Stabilitätsdimension eine sehr bedeutsame Rolle. Relativ stabile Ursachen bewirken eine Erwartungshaltung, bei der angenommen wird, dass erzielte Leistungsergebnisse auch künftig zu erreichen sind. Bei instabilen Ursachen wird davon ausgegangen, dass zukünftige Ergebnisse von vergangenen abweichen können. Bewertungen anderer Personen und die emotionalen Auswirkungen von Attributionen werden besonders mit der Dimension der Kontrollierbarkeit in Zusammenhang gebracht. Attributionen auf ein hilfreiches Verhalten anderer kann ein Gefühl von Dankbarkeit bewirken, wohingegen Attributionen auf Behinderung Aggression und Ärger auslösen kann. Eine Attribution auf hohe Anstrengung kann eine Belohnung bewirken und eine auf mangelnden Einsatz kann zur Abwertung einer Person führen (s. Tab 3; Stoll, 2010b).

Tab. 3. *Beispiele für Attributionen und Leistungsmotivation (Brand, 2010, S. 25).*

Typische Ursachenzuschreibungen von *Erfolgszuversichtlichen*		Dimensionen nach Weiner	Auswirkung
im Erfolgsfall	Anstrengung	internal-variabel-kontrollierbar	motivationsförderlich
im Erfolgsfall	Fähigkeit	internal-stabil-unkontrollierbar	selbstwertdienlich, aber wenig motivationsförderlich
im Misserfolgsfall	geringe Anstrengung	internal-variabel-kontrollierbar	motivationsförderlich
im Misserfolgsfall	Pech	external-variabel-unkontrollierbar	selbstwertdienlich, aber wenig motivationsförderlich
Typische Ursachenzuschreibungen von *Misserfolgsängstlichen*		Dimensionen nach Weiner	Auswirkung
im Erfolgsfall	leichter Gegner	external-stabil-unkontrollierbar	selbstwertgefährdend und motivationsschädlich
im Erfolgsfall	Glück	external-instabil-unkontrollierbar	selbstwertgefährdend und motivationsschädlich
im Misserfolgsfall	mangelnde Fähigkeit	internal-stabil-unkontrollierbar	selbstwertgefährdend und motivationsschädlich

Attributionale Theorien spielen nicht nur im Leistungsmotivationsbereich, sondern auch in anderen Bereichen (z. B. im sozialen Handeln) eine wichtige Rolle (Bierhoff, 2002). Die Bedeutsamkeit der Kausalattribuierung im Verlauf der Leistungsmotivation spiegelt sich besonders in den folgenden Zitaten wieder:

1. „Je mehr z. B. die prospektive Kausalattribuierung an internalen Faktoren orientiert ist, je mehr der Handelnde also davon überzeugt ist, die Folgen seiner Handlung bestimmen zu können, desto eher kann dies zu Erfolgserwartungen und positiver Motiviertheit führen.
2. Erfolgs- und Misserfolgserwartungen beeinflussen ihrerseits wiederum wesentlich Erfolgshoffnungen bzw. Misserfolgsbefürchtungen.
3. Die Erwartung von Erfolg und Misserfolg wirkt sich schließlich auch aus auf Intensität und Ausdauer des Krafteinsatzes während der Leistungshandlung" (Gabler, 2002, S. 60).

Gleichzeitig wird die zukünftige Motivierung durch die retrospektive Kausalattribuierung beeinflusst (Gabler, 2002).

Bei der Ursachenzuschreibung für die eigenen (Miss-)Erfolge ist eher in westlich geprägten Kulturen eine hedonistische Verzerrungstendenz zu finden. So neigen Individuen vorrangig dazu, Ursachen für Erfolge sich selbst zuzuschreiben, jedoch die Verantwortung für Misserfolge auf externale Faktoren zurückzuführen. Dies kann zu einem Aufbau und der Aufrechterhaltung eines positiven Selbstwertgefühls beitragen (Beckmann & Elbe, 2006). Weiterhin ist zu erkennen, dass die Erklärung von selbstwertrelevanten Ereignissen (z. B. Leistungen) nicht immer logisch erfolgt, sondern häufig ein selbstwertdienliches Vorgehen vorliegt (Alfermann & Stoll, 2010). Mit Hilfe des Risikowahl-Modells, der Theorie der Zielorientierung und der Attributionstheorie können Aussagen bzw. Vorhersagen zu Dispositionen, Emotionen und Verhalten in Leistungssituationen von misserfolgsängstlichen bzw. erfolgszuversichtlichen Personen getroffen werden. Anhand der Ergebnisse der drei genannten Theorien zeigt sich, dass die Förderung einer erfolgszuversichtlichen Einstellung und einer Aufgabenorientierung sehr einflussreiche Elemente auf dem Weg zur Ausprägung einer positiven Motivation sein können (ebd., 2010). Demnach sind Attributionen gewissermaßen die „Begleitmusik" des Motivationsgeschehens (Fischer & Wiswede, 2009). Gleichzeitig beeinflussen Kausalattributionen teilweise die emotionalen Reaktionen auf Erfolg und Misserfolg (Weiner, 1994).

2.4 Emotionen

Emotionen spielen im Alltag, aber auch im Sport eine sehr wichtige Rolle (Gabler, 2002) und lassen sich folgendermaßen definieren:

> „Emotionen sind subjektive Befindlichkeiten (Prozesse und Zustände), die mit Bewertungen der eigenen Situation und physiologischen Erregungs- und Aktivierungsprozessen sowie mit Verhaltensimpulsen verbunden sind" (Gabler, 2003, S. 162).

Das Konstrukt Emotion kann in fünf Hauptkomponenten aufgeteilt werden:

1. Kognitive Komponente (z. B. Wahrnehmung und Beurteilung bedrohlicher Situationen).
2. Subjektive Erlebenskomponente (z. B. subjektiver Gefühlszustand).
3. Physiologische Komponente (z. B. physiologische Veränderungen → Herzfrequenz und Atmung).
4. Ausdruckskomponente (z. B. Stimme, Mimik und Gestik).
5. Motorische Verhaltenskomponente (Tendenzen der Abwehr- und Kontrollmaßnahmen) (Gabler, 2002).

Emotionen dienen im Motivationsgeschehen als Navigationshilfen, ohne die die Suche nach geeigneten Handlungsweisen unter den potenziell relevanten Optionen sehr langwierig oder sogar unmöglich wäre (Damasio, 2000). Mit Hilfe der Emotionen wird dem Organismus angezeigt, wie weit oder nah er sich der angestrebten Motivbefriedigung genähert hat. Emotionen übernehmen im Motivationsgeschehen die Feinjustierung. So versteht Murray (1938) sie als Schnittstelle zwischen *need* und *press*. Emotionen spiegeln beim Menschen das gerade aktuell beschäftigende *Thema* wieder, dabei können diese für einen geübten Beobachter seines Gegenübers treffsicher im Gesicht ablesbar sein. Zeigt der Organismus bei der ersten Reaktion keine motorische Aktivität sondern eine Emotion, so wird die Verknüpfung von Reiz und Reaktion entkoppelt und die Voraussetzung geschaffen, angemessen reagieren zu können (Scherer, 1981). Die emotionsbezogene Art der Informationsverarbeitung schafft zeitgleich die Möglichkeit, unverzögert auf entstandene Situationen mit eigener Aktivität einzugehen oder sich in den Zustand erhöhter Handlungsbereitschaft zu versetzen (Scheffer & Heckhausen, 2010). Nach Hackfort (1985) sind kurzfristige Gefühle als aktuelle Befindlichkeit und längerfristige Befindlichkeit als Stimmung anzusehen (Gabler, 2002). Daher können Emotionen auch als Ergebnisse von Verarbeitungsprozessen auf unterschiedlichen Verarbeitungsebenen angesehen werden. Emotionen entstehen durch die kognitive Bewertung einer Situation und kristallisieren sich über die weiteren Komponenten (z. B. Neuheit, Zielrelevanz, Bewältigungsfähigkeit und Normkompatibilität) heraus (Schlattmann & Hackfort, 1991; Scherer, 1995). Die Bewertung der Ergebnisse hat direkten Einfluss auf physiologische Prozesse, Handlungsintentionen, expressive Verhaltensweisen und das subjektive Empfinden (Scherer, 1995).

> „Dieser Theorie zufolge wird also eine Emotion kumulativ geschaffen – durch die Bewertung des Stimulus in Hinblick auf verschiedene Kriterien und der daraus folgenden Effekte auf verschiedene Subsysteme des Organismus" (Scherer, 1995, S. 54).

Elliot (2008) beschreibt die Funktion von Emotionen als unverzögerte Bewältigungsstrategie des Individuums im Umgang mit Krisensituationen und für das Angehen neuer Herausforderungen:

> „Overall, then, positive and negative emotions provide ways for organisms to seize opportunities and cope with crises, by engendering time-tested patterns of action readiness when there may not be time to more deliberatively consider the relative advantages, disadvantages, and potential consequences of particular behaviors or behavior alternatives" (Elliot, 2008, S 348).

Auch von Phelps (2005) wird die enge Vernetzung von Kognition und Emotion betont. Bei der Untersuchung emotionaler und kognitiver Prozesse unabhängig voneinander kann ein ungenaues Bild von Kognition oder Emotion entstehen, was die Betrachtung beider Aspekte in Abhängigkeit voneinander erfordert.

> „The neural systems of emotion and cognition are both independent and interdependent. A comprehensive understanding of either emotion or cognition requires a consideration of the complex interactions of the two" (Phelps, 2005, S. 63).

Im weitesten Sinne lassen sich Emotionen in positive und negative Emotionen untergliedern. Dabei spielen positive Emotionen, z. B. im Sport, dann eine Rolle, wenn es im Leistungsmotivationsprozess durch das Erreichen eines selbst definierten Ziels mit anschließender Ursachenzuschreibung auf die eigenen Fähigkeiten zu Freude kommt. Gleichzeitig bewirkt dies aus lerntheoretischer Perspektive die Aufrechterhaltung der Leistungsmotivation (Alfermann & Stoll, 2010). Abbildung 5 verdeutlicht die erwähnten Zusammenhänge zwischen Attribution, Emotion und Ergebnis.

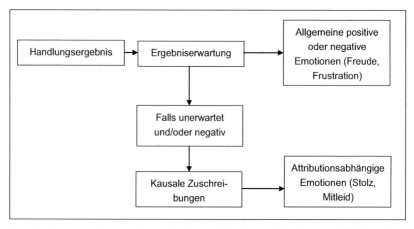

Abb. 5. Zusammenhänge zwischen Ergebnis, Attribution und Emotion (nach Weiner, 1985; in Anlehnung an Möller, 1994 aus Stoll, 2010b, S. 63)

Positive Emotionen werden häufig im Rahmen des Leistungserstellungsprozesses als vorteilhaft angesehen. Dennoch ist dieser Zusammenhang nicht uneingeschränkt generalisierbar, da es sowohl bei positiven als auch bei negativen Emotionen zu einer zentralnervösen Aktivierung kommt. Weiterhin können kognitive Prozesse wie Ablenkung oder Besorgniskognitionen auftreten (Alfermann & Stoll, 2010).

Es existieren unterschiedliche theoretische Ansätze zur Erklärung der Emotionsentstehung. Im Rahmen dieser Arbeit wird kurz auf unterschiedliche Emotionstheorien eingegangen.[7] Beim kognitionspsychologischen Ansatz etwa spielt die subjektive Bewertung eine zentrale Rolle. Die Entstehung bzw. Bewältigung aller negativen Emotionen ähneln sich stark. Die Bildung von Emotionen kann jedoch auch auf der Basis des klassischen Konditionierens erklärt werden. In einem solchen Fall können unter anderem Entspannungsverfahren zum Einsatz kommen (Alfermann & Stoll, 2010). Dem emotionalen Regulationssystem fällt für alle menschlichen Handlungen eine zentrale Bedeutung zu (Wiemeyer, 1999), denn Emotionen entstehen durch Handlungen und sind wiederum selbst für das Handeln von Bedeutung. Studienergebnisse von Ledoux (1994; 1996) belegen, dass Emotionen Aktionsprogramme initiieren können, bevor überhaupt kognitive Situationsbewertungen erfolgt sind. Sowohl kognitive als auch emotionale Prozesse können als handlungsvorbereitende,

---

[7] Zur Übersicht der Theorien siehe unter anderem in Reisenzein (1994) sowie Zimbardo und Gerrig (2008).

handlungsenergetisierende und handlungsnachbewertende Komponenten motivationalen Geschehens aufgefasst werden (Hackfort & Birkner, 2006). Aufgrund einer inkonsistenten empirischen Befundlage zu Emotions-Fragestellungen existiert aktuell keine einheitliche Emotionstheorie, wobei von vielen Emotionstheoretikern eine kognitive Emotionstheorie vertreten wird. Emotionen werden hier als „multidimensionale Zustände" oder „Reaktionssyndrome" (z. B. Averill, 1968) verstanden, da sie neben dem Erleben auch physiologische Reaktionen und Verhaltensweisen als Komponenten umfassen (Meyer, Reisenzein & Schützwohl, 2001).

Emotionen beeinflussen Kognitionen, die Wahrnehmung, die Konzentration und energetische sowie volitionale Prozesse. Kognitionen wiederum können Emotionen und Volitionen nach sich ziehen, die emotional erlebt werden (Nitsch, 1985). Emotionen können laut Nitsch und Hackfort (1981) in prä- (z. B. Angst, Vorfreude), peri- (z. B. Spaß) und postaktionale (z. B. Stolz) Emotionen unterteilt werden, wobei präaktionale Emotionen eher eine Vorbereitungs- und Signalfunktion aufweisen, periaktionale Emotionen meist Kontroll- und Organisationsfunktion übernehmen und postaktionale Emotionen Kontroll- und Motivationsfunktion besitzen (Hackfort & Birkner, 2006).

Wie bereits besprochen, spielen Emotionen auch im Sport eine zentrale Rolle. Während es im Alltagsleben häufig zum passiven Erleben von Emotionen als Prozess oder Zustand kommt, werden sie im Sport aktiv aufgesucht (z. B. in Ausdauersportarten). Diese Zustände werden häufig als leib-seelisch, ganzheitlich und persönlichkeitszentral empfunden und sind überwiegend komplexer Natur (Scherer, 1995; Sokolowski, 1995).

Für den Athleten im Spitzensport sind das tägliche Training und der Wettkampf sehr belastend und beanspruchend. Durch die periodisch gestaffelte Trainingsbelastung (z. B. Umfang, Intensität) gehen die Sportler regelmäßig an die Grenzen ihrer psychophysischen Leistungsfähigkeit (Janssen, 1995). Dabei sind Athleten nicht immer in der Lage beim Erleben bestimmter Emotionen ihr vorhandenes Leistungsvermögen zum richtigen Augenblick zu nutzen bzw. umzusetzen (Schlattmann & Hackfort, 1991, Müssig, 2010). Damit steht im Sport das emotionale Erleben in einem sehr engen Zusammenhang mit körperlicher Anstrengung (Trainings- und Wettkampfbelastung) und psychischer Belastung (Janssen, 1995; Gabler, 2002).

In der sportpsychologischen Literatur stehen besonders die Themenfelder Ärger, Angst, Beanspruchungserleben, Befindensanalyse und insbesondere negative Emotionen im Fokus, denn laut Gabler (2002) weisen Befindlichkeiten einen Bezug zu allen Motivationsprozessen auf. Ob Emotionen funktionell sind oder nicht, kann nur im Kontext oder in Verbindung mit einem Bezugssystem beurteilt werden. Es hat sich gezeigt, dass für das Handeln funktional förderliche bzw. hinderliche Emotionen nicht immer auch als subjektiv angenehm bzw. unangenehm wahrgenommen werden. Bei der Betrachtung von Emotionen aus einer funktionalen Perspektive sind diese positiv behaftet, da sie förderliche Effekte im Bezugssystem nach sich ziehen können. Als negative Emotionen werden solche identifiziert, die für hinderliche Effekte im Bezugssystem verantwortlich sind. Die subjektive Erlebnisqualität der jeweiligen Emotion spielt in diesem Zusammenhang keine Rolle. Das bedeutet in letzter Konsequenz, dass eine Emotion in unterschiedlichen Zusammenhängen als funktional negativ, aber auch als funktional positiv angesehen werden kann (Hackfort & Birkner, 2006).

Da emotionales Erleben als Voraussetzung, aber auch als Begleit- und Folgeerscheinung, für sportliches Handeln anzusehen ist, lässt sich schlussfolgern, dass Kognitionen mit Emotionen einhergehen und dass die Kontrolle der Kognition wiederum die Emotion zu verändern vermag. Lassen sich die Kognitionen (z. B. durch Aufmerksamkeitsumlenkung) kontrollieren, so erlebt man z. B. keine Angst (Emotion) mehr. Will man Emotionen kontrollieren, so kann an jeder Komponente (z. B. Angst, Wut, Freude, Stress) angesetzt werden (Hackfort, 1987).

Die Motivation entsteht durch die mit Gefühlsprozessen in Verbindung stehenden Anreizwerte der antizipierten Folgen einer Handlung. Neue Zielsetzungen bzw. Anstrengungen werden nicht aufgrund einer Kausalattribuierung unternommen, sondern als Folge der dadurch ausgelösten Emotionen (z. B. Ärger) (Gabler, 2002).

In Form von Erwartungsemotionen können Emotionen dazu beitragen, Annäherungstendenzen *(HE)* bzw. Vermeidungstendenzen *(FM)* zu intensivieren. Wenn Widerstände die Intentionsrealisierung hemmen, werden die volitive Intentionsaktivierung und die entsprechende Handlungsenergetisierung emotional bestimmt und erfahren. Eine strikte Trennung zwischen kognitiven Prozessen und emotionalem Erleben ist daher nicht ohne Weiteres möglich. Diese Tatsache hat zur Folge, dass die Begriffe Kognition als Informationsgewinn und Emotion als emotionale Befriedigung nicht als gegensätzlich verstanden werden sollten. Vielmehr sind die Kognitions- und Emotionskontrolle als wechselseitig beeinflussende Teilprozesse der Handlungskontrolle zu sehen (ebd., 2002).

2.4.1 Stress

Negativ gefärbte Emotionen ergeben sich aus kognitiver Einschätzung von Situationen (z. B. als bedrohlich, gefährlich, bösartig), aus Aktionen, Handlungsimpulsen (ineffektiv, unwirksam) und körperlichen Reaktionen (erhöhte Aktivierung, Arousal) (Janssen, 1995, Stoll, 2006). Dies lässt sich auch im Sport beobachten: Erlebt ein Athlet negative Emotionen wie Angst, Unsicherheit, Besorgtheit, Unstimmigkeiten (z. B. mit dem Trainer), Erwartungsdruck, Ärger über Benachteiligungen durch Kampfrichter oder unerwartet gute Leistungen der Gegner, dann wird dies häufig zusammenfassend als Stress beschrieben, wobei auch eigene Verhaltensweisen auf längere Sicht Stress und sogar Dauerstress erzeugen können (Janssen, 1995). Stress kann wie folgt definiert werden:

> „Stress is any event in which environmental or internal demands tax or exceed the adaptive resources of an individual, social system, or tissue system" (Lazarus & Launier, 1978, S. 296 aus Schwarzer, 2000, S. 11).

Weiterhin findet sich in der Literatur auch folgende Begriffsdefinition:

> „In der Physik, Druck, Zwang; in der Psychologie: Stärkeres, andauerndes Ungleichgewicht zwischen Anforderungen und persönlicher Kapazität, welches (wegen Intensität und Dauer) sehr negative Emotionen wie Ärger, Hilflosigkeit (Kontrollverlust), Angst, Verzweiflung, Depression auslösen kann. Stress ergibt sich immer dann, wenn soziale oder persönliche Anforderungen die Bewältigungsmöglichkeiten (Ressourcen) einer Person stark beanspruchen oder übersteigen" (Janssen, 1995, S. 152).

Stress tritt immer dort auf, wo durch Prägung vorhandenen Verhaltenstendenzen durch eine neue, situationale Einwirkung Veränderung droht (Steiner, 1976). Stress lässt sich als ein Beziehungsphänomen zwischen Bedingungen in der Umwelt und innerhalb des Betroffenen auffassen (Lazarus, 1966; Lazarus & Launier, 1981). So stellt Stress eine Diskrepanz zwischen Umweltanforderungen und den Reaktionsmöglichkeiten dar, die dem Menschen zur Verfügung stehen. Nach Lazarus und Launier (1981) ist jede Situation Stress, welche die normalen Fähigkeiten des Individuums fordert bzw. überfordert, woraus sich eine Schädigung/Verlust, Bedrohung oder Herausforderung für das Individuum ergibt. Daraus folgt, dass Stress unter verschiedenen Umweltbedingungen und in unterschiedlichen Arten auftreten kann (Schmidt & Schleiffenbaum, 2000). Die subjektive Einschätzung sowie die kognitive Bewertung durch den Menschen sind dabei entscheidende Faktoren des Stressempfindens (Alfermann & Stoll, 2010).

Auf Selye (1956, 1981)[8] zurückgehend wird Stress in negativen Stress ("Distress") und positiven Stress ("Eustress") unterschieden. Während Distress direkt mit negativ erlebten Ereignissen und Empfindungen verbunden ist (z. B. einer Niederlage/Enttäuschung), geht Eustress mit Positiven einher (z. B. einem Sieg/einer Überraschung) (Schmidt & Schleiffenbaum, 2000).

Die Entwicklung des Stressbegriffes liegt in den ursprünglich medizinisch-physiologischen Überlegungen von Selye (1956) begründet. Durch ihn wurde Stress als bestimmte Kombination physiologischer, messbarer Reaktionen des Organismus auf eine Vielzahl verschiedener Reize definiert. Anfangs wurde Stress ausschließlich als medizinisch-körperliches Phänomen angesehen und erst später als körperliche Reaktion auf körperliche Reize verstanden. Die von Lazarus (1966) und Lazarus und Launier (1981) geprägte Theorie, Stress als Beziehungsphänomen zwischen Umwelt und Individuum zu verstehen, setzt keine weiteren bestimmten (körperlichen) Symptome voraus. Vielmehr wurde in der Konzeption voraussetzend angenommen, dass Stress physische und psychische Grundlagen hat und sich physisch wie auch psychisch äußern kann. Es bestehen enge Wechselbeziehungen zwischen physischen und psychischen Stressgrundlagen und -folgen. So ist eine physische Reaktion auf Stressauslöser durch gedankliche, also psychische Voreinstellung beeinflussbar. Dies zeigt sich darin, dass Reaktionen auf eine Niederlage weniger stark ausfallen, wenn vorher verinnerlicht wurde, dass in diesem Fall nicht alles verloren ist. Psychische Bewertungsprozesse sind eine unverzichtbare Voraussetzung für das Zustandekommen von Stress, was auch Lazarus in seiner Theorie des Stressprozesses (1981) und Nitsch und Hackfort (1981) in ihrem Modell betonen. In der Sportpsychologie hat Stress als rein physische Konzeption Bedeutung erlangt, z. B. in Trainingsprozessen (ebd., 2000).

Ausgewählte Modelle des Stressgeschehens

Für einen Großteil der empirischen Studien zur psychologischen Leistungsoptimierung im Sport (z. B. Schlicht, Meyer & Janssen, 1990a, b; Hindel & Krohne, 1987, 1988) bildete die aus der Allgemeinpsychologie kommende transaktionale Stresstheorie von Lazarus die theoretische Grundlage. Für sportpsychologische Fragestellungen liefert die Theorie plausible Erklärungen zur Entstehung von Stress und der prozesshaften Bewältigung durch das Individuum (Stoll & Gissel, 1996).

---

[8] Ausführungen zum Stressmodell von Selye siehe Schmidt und Schleiffenbaum (2000, S. 73-76).

Der Prozess der *kognitiven Bewertung* (cognitive appraisal) von Stress unterteilt sich nach Lazarus und Launier (1981) in die zwei zeitgleich auftretenden Facetten *primäre Bewertung* (primary appraisal) und *sekundäre Bewertung* (secondary appraisal) (Stoll & Ziemainz, 2003; Stoll, 2006). Unter primären Bewertungen werden Einschätzungen der aktuellen Situation verstanden: wird eine Situation mit Schädigung, Bedrohung oder Herausforderung gleichgesetzt, wird sie als stressend empfunden. Sekundäre Bewertungen kennzeichnen die eigenen Bewältigungsmöglichkeiten, die als schädigend oder potenziell schädigend aus der vorliegenden Situation wahrgenommen werden (Schmidt & Schleiffenbaum, 2000). Das Ergebnis der Einschätzung ist in Herausforderung, Bedrohung und Schaden/Verlust zu unterscheiden (Schwarzer, 2000). Erfolgt eine günstige Bewertung der eigenen Bewältigungsmöglichkeiten (*coping*, s. Kap. 2.4.2), so ist der Stress geringer, da eine Schädigung ausgeglichen, eine Bedrohung abgewendet und eine Herausforderung gemeistert wurde. Wird eine Bewältigungsmöglichkeit im Verhältnis zur Schädigung oder Bedrohlichkeit der Situation als ungünstig eingeschätzt, so liegt hoher Stress vor. Dabei beziehen sich die primäre und sekundäre Bewertung auf eine logische und nicht zeitliche Rangfolge. Wenn für alle Situationen Vorsichtsmaßnahmen getroffen werden müssen, können sekundäre Bewertungen sogar den primären vorausgehen. Das Modell von Lazarus wird dadurch „transaktional", da Bewertungen einer Situation nicht als statisch (als „Interaktion" fester Größen) verstanden werden. Der Betroffene verändert seine Situation objektiv durch aktive Handlungen, die aus den Bewertungen resultieren. Durch die veränderte Situation erfolgt eine *Neubewertung* (reappraisal). Bei der Neubewertung schätzt die Person primary und secondary appraisal ein, entscheidet sich für eine Handlung und verfolgt anschließend das Ergebnis, um es wiederum neu zu bewerten (Stoll, 2006, Zimbardo & Gerrig, 2008). Bei der Neubewertung entsteht, im Idealfall, durch erfolgreiches stressbewältigendes Handeln weniger Stress (Schmidt & Schleiffenbaum, 2000).

Dabei ist die Bewertung vor allem von den aktuellen Situationsbedingungen, den konkreten Zielsetzungen, teilweise vom überdauernden Motiv und von Eigenschaften des Individuums abhängig. Stress wird nach Lazarus (1966) nur dann verursacht, wenn ein Individuum die Nichterfüllung der eigenen Ziele und Bedürfnisse antizipiert (Knobloch, 1979).

Festzuhalten ist, dass sich das transaktionale Stresskonzept von Lazarus in der Sportpsychologie als bewährt erwiesen hat, obwohl es eher der rückblickenden Erklärung von Stress oder Stressbewältigung als der Vorhersage von Verhalten dient (Krohne, 1996) (Brand, 2010).

Das Stressmodell von Lazarus wurde von Nitsch und Hackfort (1981) aufgegriffen und erweitert. Sie verstehen die stressende Situation als das Verhältnis zwischen Umweltaspekten und Fähigkeiten des Individuums. Die von Lazarus und Launier (1981) verstandenen „Anforderungen" seitens der Umwelt sind eher ein Ergebnis einer Interaktion zwischen der Person und Umwelt. Sie führen dies darauf zurück, dass Intentionen auf die Person einwirken und Möglichkeiten auf der Seite der Umwelt entstehen. Eine Konzeption der Stresssituation (Lazarus & Launier, 1981) aus zwei Komponenten (Umwelt und Person) wird dieser komplizierten Konstellation nicht gerecht. Als weiteres Bestimmungsmerkmal wird bei Nitsch und Hackfort (1981) zusätzlich die vom Sportler zu bewältigende Aufgabe in die Bewertung mit einbezogen. Somit ergibt sich eine Stresssituation aus der Gesamtheit folgender Faktoren: der Bewertung eines eingetretenen oder bevorstehenden Ereignisses (z. B. Wettkampf), den Möglichkeiten des Athleten damit umzugehen (z. B. Trainieren) und aus den aufgabenbezogenen Erwartungen der Umwelt und den eigenen Absichten (z. B. mindestens Erreichen von Platz drei). Neben dem Einbezug einer dritten Bestimmungskomponente (Aufgabe) wurde der Bewertungsprozess weiter differenziert. Von allen drei Komponenten werden nicht nur Anforderungen oder Möglichkeiten eingeschätzt (Kompetenzaspekt), sondern nun auch zusätzlich Wertbezüge (Valenzaspekte) (Schmidt & Schleiffenbaum, 2000).

Auswirkungen von Stress

Ein Wettkampf ist immer mit psychischer Belastung für den Athleten verbunden, besonders mit Anstieg des Wettbewerbniveaus. Meist herrscht eine Anspannung schon Stunden, Tage oder Wochen vor dem Wettkampf und kann bis weit nach dessen Ende anhalten. Nach Nitsch (1976) besitzen solche Situationen im Spitzensport eine zeitliche Phasenstruktur mit entsprechenden Beanspruchungsprozessen: Vorwettkampf, Wettkampf und Nachwettkampf. Damit weist jede Phase eine Vor-, Kern- und Residualbeanspruchung auf (Knobloch, 1979). Dieser Wettkampfstress kann sich sowohl leistungseinschränkend als auch leistungsförderlich auswirken. Je nachdem wie stark die Art des Stresses ist, tritt die entsprechende Reaktion ein (s. Tab. 4).

Ausgewählte sportwissenschaftliche Grundlagen

Tab. 4. *Verschiedene Wirkungen von Stress (Schmidt & Schleiffenbaum, 2000, S. 79).*

Auswirkungen von Stress	kurzfristig	langfristig
auf den Körper	- beschleunigter Herzschlag - erhöhter Blutdruck - verstärkte Adrenalinausschüttung	- Kopfschmerzen - Magengeschwüre - erhöhte Gefahr koronarer Herzerkrankungen
auf das Erleben	- starke Anspannung - oft frustriert - schnell verärgert - immer müde	- starke Unzufriedenheit - Depressionsgefahr - Burn-out - sinkendes Selbstwertgefühl
auf das Individualverhalten	- Leistungsschwankungen - mangelnde Konzentration - starker Fehleranstieg	- Alkoholabhängigkeit - Nikotinabhängigkeit - Arzneimittelabhängigkeit
auf das Sozialverhalten	- erhöhte Aggressivität - stärkere Verschlossenheit	- eskalierende Konflikte - resignativer Rückzug

Kurzfristige positive Wirkungen können etwa die Mobilisierung letzter Reserven für eine Bewältigungsmöglichkeit nach sich ziehen, während sich langfristige positive Wirkungen z. B. in der Festigung bestehender oder Ausbildung neuer Fähigkeiten äußern (Schmidt & Schleiffenbaum, 2000).

Der Wettkampfsport ist als potentiell stressend anzusehen, da er hohe Anforderungen an die Leistungs- und Risikobereitschaft des Menschen stellt und ständig die Chance auf großen Erfolg oder Misserfolg gegeben ist (Knobloch, 1979). Im Wettkampf führt Stress zur Leistungsminderung durch Blockade jener Kognitionen/Fähigkeiten, die dem Athleten im Wettkampf bei der Konzentration, Einschätzung wichtiger und kritischer Situationen und entsprechend zielgerichtetem Handeln behilflich sind (Stoll & Ziemainz, 2009). Am Beispiel des Schwimmsports wies Counsilman (1971) nach, dass überhöhte Trainingsanforderungen (8000 m und mehr pro Trainingseinheit) bei jugendlichen Spitzensportlern im Alter von zwölf Jahren zu Überforderung der physiologischen Anpassungsmöglichkeiten des Organismus führen. Dieses Übertraining ruft einen körperlichen Stresszustand hervor und kann letztendlich zum Leistungsversagen im entscheidenden Wettkampf beitragen (Knobloch, 1979). Grundsätzlich stellt jeder Wettkampf für den Athleten eine Herausforderung dar, sowohl in Bezug auf die Leistungsanforderung, die von der Aufgabe ausgeht, als auch hinsichtlich der individuellen Leistungsvoraussetzungen, die der Athlet mitbringt. Wenn beide Faktoren ausgeglichen sind, liegt ein optimaler Grad der Erregung für Höchstleistung vor (s. Abb. 6).

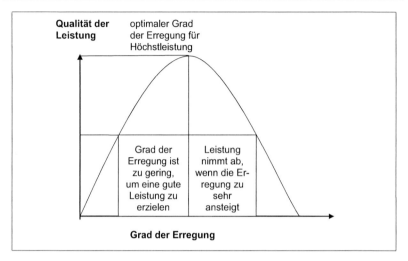

Abb.6. Die Beziehung zwischen Qualität der Leistung und Erregungsniveau (Stoll & Ziemainz, 2009, S. 63)

Herrscht allerdings ein Ungleichgewicht zwischen der Leistungsanforderung (z. B. durch Ungewissheit) und den individuellen Leistungsvoraussetzungen (z. B. Glauben an die eigenen Fähigkeiten), empfindet der Sportler dies als psychische Belastung. Man spricht davon, dass sich das Gleichgewicht verschoben hat und die negativen Belastungswirkungen Stress erzeugt haben. Diese Wirkungen treten auch dann auf, wenn die individuellen Leistungsvoraussetzungen bedeutender als die Leistungsanforderungen sind (Stoll & Ziemainz, 2009). Ob jedoch eine Situation als stressauslösend empfunden wird, unterliegt immer der jeweiligen momentanen und individuellen Einschätzungslage der Person. Dabei ist das Ausmaß des Motivations- und Stressvorgangs entscheidend und somit auch die Höhe der Gleichgewichtsstörung (Steiner, 1976).

2.4.2 Coping

Nach Lazarus und Folkmann (1984) stellt *Coping* einen Prozess unterschiedlicher Bewältigungsformen dar, mit inneren und äußeren Anforderungen umzugehen, die als einschränkend oder ressourcenübersteigend erlebt werden (Zimbardo & Gerrig, 2008). Hier ist festzuhalten, dass Coping besonders in Stresssituationen zur Anwendung kommt, da es im Gegensatz zu automatisiert ablaufenden Verhaltensweisen nicht unwillkürlich, sondern unter Bemühen bzw. Aufwand abläuft. Dieser Zusammenhang wird von Lazarus und Folkman (1984) erwähnt:

> „In effect, this limits coping to conditions of psychological stress, which requires mobilization and excludes automatized behaviors and thoughts that do not require effort" (Lazarus & Folkman, 1984, S. 142).

Dabei wird zwischen problemorientierten (abzielend auf Problemlösung) und emotionsorientierten (abzielend auf Linderung der Belastungssymptome) Funktionen des Coping unterschieden. Nach Lazarus und Folkman (1984) ist die problemorientierte Bewältigungsverarbeitung in subjektiv kontrollierbaren Situationen am effektivsten. Aktive Einflussnahme, das Treffen von Entscheidungen, die Informationssuche sowie Problemlösestrategien werden in diesem Fall bevorzugt. Emotionsorientierte Strategien (z. B. Ablenkung, Umbewertung) sollten eher in subjektiv unkontrollierbar empfundenen Situationen Anwendung finden. Grundsätzlich dient der Copingprozess zur Widerherstellung des psychophysischen Gleichgewichts. Dieser Ansatz wurde unter anderem von Schlicht (1989) auf den Bereich der Sportpsychologie übertragen (Stoll, 2006; Alfermann & Stoll, 2010).

Coping kann behaviorale, emotionale sowie motivationale Reaktionen oder Gedanken beinhalten. Für die Stressbewältigung muss das Individuum das Denken über gegebene Situationen, die eigene Rolle darin und Kausalattributionen ändern, jedoch auch Stressbewertung und Stressumgang überdenken. Für diese Vorgehensweise gibt es zwei mentale Arten des Copings: die *Neubewertung* der Art der Stressoren und die *Rekonstruierung* der Kognitionen über eigene Stressreaktionen. Meichenbaum (2003) hat dazu ein Stressimpfungstraining (s. Kap. 3.4) entwickelt, welches Reaktionen und Selbstaussagen hervorbringt, die nicht mit früheren Kognitionen kompatibel sind. Dieses Training wurde auf vielen Gebieten (z. B. in der Sportpsychologie) erfolgreich eingesetzt (Zimbardo & Gerrig, 2008).

2.5 Sportpsychologische Interventionsverfahren

Das folgende Kapitel bezieht sich ausschließlich auf die Erkenntnisse aus der von Stoll et al. (2010) erarbeiteten Expertise zu einem langfristigen sportpsychologischen Beratungs- und Betreuungskonzept für den DSV. Da die Expertise die Sportarten Schwimmen, Wasserspringen, Wasserball und Synchronschwimmen betrachtet, steht in diesem Kapitel lediglich die für die vorliegende Arbeit relevante Sportart Schwimmen im Fokus.

Zum besseren Verständnis wird darauf hingewiesen, dass Formatierungen in den Kapiteln 2.5.2 und 2.5.3 in fett oder normal die Bedeutsamkeit unterstreichen sollen (fett formatiert = große Bedeutung; normal formatiert = mittlere Bedeutung).

2.5.1 Relevante sportpsychologische Interventionsverfahren

Im Schwimmsport konzentriert sich die sportpsychologische Arbeit überwiegend auf die Bereiche des Mentalen Trainings, der Motivations- und Emotionsregulation sowie der Teamentwicklung. Im Fokus steht dabei die kontinuierliche Arbeit an Emotions- und Motivationsfähigkeiten, unter anderem auch in Phasen der unmittelbaren Wettkampfvor- und -nachbereitung. Interventionen der Emotionsregulation thematisieren überwiegend den Umgang mit negativen Emotionen (z. B. Wettkampfangst). Die Athleten sollten beginnend ab einem Alter von sechs Jahren mit einfachen Verfahren der Aktivierungsregulation an komplexere sportpsychologische Verfahren (z. B. Selbstmanagement-Training, Stressimpfungstraining ab einem Alter von 14 Jahren) herangeführt werden. Maßnahmen wie Team-Building und Teamentwicklungen sollten primär vor internationalen Großereignissen zum Einsatz kommen. Abbildung 7 veranschaulicht zusammenfassend die zentrale Rolle von Emotions- und Motivationsverfahren.

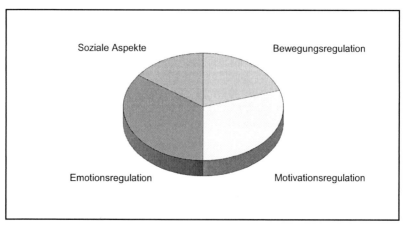

Abb. 7. Bedeutsamkeit spezifischer spotpsychologischer Interventionen für die Sportart Schwimmen (Stoll, Achter & Jerichow, 2010, S. 52)

Die vergleichsweise geringe Bedeutung bewegungsregulatorischer Verfahren im Hochleistungssport unterscheidet sich vom Nachwuchsbereich, in dem diese als wesentlich wichtiger eingeschätzt werden. Da Team-Building-Maßnahmen überwiegend nur vor großen Wettkämpfen durchgeführt werden, fällt der soziale Aspekt (vgl. Abb. 7) mit einem Anteil von circa 15 Prozent relativ gering aus (Stoll et al., 2010).

2.5.2 Interventionen der Motivationsregulation

Tab. 5. Übersicht der relevanten sportpsychologischen Interventionen der Motivationsregulation (Stoll, Achter & Jerichow, 2010, S. 64-66).

Nr.	Bezeichnung	Interventionsziel	vorrangig für die Fachsparte	beginnend im Alter von	weiterführende Quellen
1	Selbstbekräftigungstraining	Dient der Stärkung des Selbstvertrauens, der Selbstbestätigung sowie der Steigerung der Wettkampfmotivation. Zentraler Bestandteil dieser Trainingsformen ist die Achtsamkeit und die Lenkung der Selbstgespräche auf positive Aspekte des Trainings und des Wettkampfes.	**Wasserspringen** **Schwimmen** **Synchronschwimmen** **Wasserball**	12 Jahren	(Birrer & Seiler, 2006; Seiler & Stock, 1994)
2	Willensschulung	Willenstraining soll die Willensqualitäten erhöhen. Hierzu gehören die Verbesserung der Entschlusskraft sowie das Entwickeln von Mut zum Risiko.	**Schwimmen** **Synchronschwimmen** **Wasserspringen** **Wasserball**	12 Jahren	(Birrer & Seiler, 2005; Mathesius, 1994; Schliermann & Hülß, 2008; Schuck, 1994; Stoll & Schröder, 2008; Stoll & Ziemainz, 1999)
3	Selbstargumentation	Dient der Stärkung des Selbstbewusstseins sowie einer realistischen Selbsteinschätzung in Training und Wettkampf. Selbstargumentation soll darüber hinaus Wettkampfzuversicht entwickeln.	**Wasserspringen** **Schwimmen** **Synchronschwimmen** **Wasserball**	12 Jahren	(Birrer & Seiler, 2006; Seiler & Stock, 1994)
4	Prognosetraining	Dieses Training soll die Selbstmotivation durch Zielstrebigkeit erhöhen. Es dient darüber hinaus dem Aufbau von Selbstvertrauen sowie einer realistischen Selbsteinschätzung.	**Wasserspringen** **Wasserball** **Schwimmen** Synchronschwimmen	14 Jahren	(Eberspächer, 2007; Seiler & Stock, 1994)
5	Individuelles Zielsetzungstraining	Zielsetzungstraining dient der Aufrechterhaltung bzw. der Steigerung der Leistungsmotivation sowie einer Verbesserung der realistischen Selbsteinschätzung.	**Wasserspringen** **Schwimmen** Synchronschwimmen Wasserball	12 Jahren	(Alfermann & Stoll, 2007; Birrer & Seiler, 2006; Stoll, Pfeffer & Alfermann 2010)
6	Kausalattributionstraining	Dient der Verbesserung des funktionalen Umgangs mit Erfolg und Misserfolg und soll damit die Leistungsmotivation stabilisieren bzw. erhöhen.	**Wasserspringen** **Schwimmen** **Synchronschwimmen** **Wasserball**	14 Jahren	(Alfermann & Stoll, 2007; Birrer & Seiler, 2006; Stoll, Pfeffer & Alfermann, 2010)

| 7 | Selbstmanagement-Training | Ziel des Selbstmanagement-Trainings ist, dass die Sportler zu besserer Selbststeuerung angeleitet und möglichst aktiv zu einer eigenständigen Problembewältigung befähigt werden, die auf externe professionelle Hilfe verzichten kann. Selbstmanagement-Fertigkeiten sind z.B. Selbstbeobachtung, Selbstinstruktionen, Zielklärung und -setzung, Selbstverstärkung, Selbstkontrolle. Selbstmanagement-Strategien können in einer Psychotherapie oder eigenständig mit Hilfe von Selbsthilfe-Manualen und Ratgeberbüchern erlernt werden. Voraussetzung dafür ist das Erkennen von Defiziten und die Bereitschaft, an sich zu arbeiten. Wichtig sind: ein konkretes Ziel, ein realistisches Ziel, ein Ziel, das der Betroffene selbst kontrollieren kann und eine Belohnung bei Zielerreichung. | **Wasserspringen** **Schwimmen** **Synchronschwimmen** **Wasserball** | 18 Jahren | (Stoll, Pfeffer & Alfermann, 2010) |

2.5.3 Interventionen der Emotionsregulation

Tab. 6. Übersicht aller relevanten sportpsychologischen Interventionen der Emotionsregulation (Stoll, Achter & Jerichow. 2010. S. 63-64).

Nr.	Bezeichnung	Interventionsziel	vorrangig für die Fachsparte	beginnend im Alter von	weiterführende Quellen
1	Systematische Desensibilisierung	Unter der Systematischen Desensibilisierung versteht man den Prozess der Verhaltenstherapie, die mit einem schrittweise durchgeführten Verfahren gegen eine psychische Angststörung (Angst, Panik, generalisierte Angststörung und andere Gefühlsüberflutungen) vorgeht. Sie ist eine Therapiegrundlage, die im Gegensatz zur Reizüberflutung, dem sogenannten Flooding steht, bei dem eine sofortige starke Konfrontation mit dem angst- oder panikauslösenden Objekt bzw. jener Situation vorgenommen wird.	**Wasserspringen** Synchronschwimmen Schwimmen Wasserball	18 Jahren	(Seiler & Stock, 1994; Stoll, 2009; Stoll & Reimann, 2007)
2	Stressimpfungstraining	Das Stressimpfungstraining von Meichenbaum. (2003) ist ein Verfahren zur Bewältigung von Stresssituationen. Will man in leistungs-optimierender Absicht Verhalten von Klienten verändern – so Meichenbaum (2003) – dann muss man psychische Vermittlungsprozesse verändern. Damit meint er vor allen Dingen die „innere Sprache", die unangemessene Verhaltensweisen oft begleitet. Weitgehend irrationale Selbstgespräche (z. B. „das schaffe ich nie") soll der Klient/die Klientin bewusst registrieren und lernen zu verändern, um mit Hilfe eines kontrollierten ‚inneren Dialogs' besser mit Lebensproblemen wie Stress, Ängsten usw. fertig zu werden.	**Wasserspringen** Schwimmen Synchronschwimmen Wasserball	16 Jahren	(Meichenbaum, 2003; Stoll, Pfeffer & Alfermann 2010)

3	Stresstraining	Im Training werden Situationsbedingungen geschaffen, die im Wettkampf zu den stressauslösenden Faktoren zählen. Dadurch soll eine Anpassung an diese Faktoren erreicht werden. Dieses Training dient somit der Steigerung der emotionalen Stabilität sowie einer Optimierung im Umgang mit Störungen.	**Wasserspringen** **Schwimmen** **Synchronschwimmen** **Wasserball**	16 Jahren	(Seiler & Stock, 1994; Stoll, 2009)

2.6 Forschungsstand

Ziel der nachfolgenden Kapitel ist es, ausgewählte Studien (Kap. 2.6.1) mit Bezug zu den vorangehenden sportpsychologischen Konstrukten, die sportpsychologische Bedarfssituation in Deutschland, die Ziele und Charakteristika sportpsychologischer Betreuung sowie aktuelle Interventionsstudien im Sport darzustellen (Kap. 2.6.2). Es wird darauf hingewiesen, dass in einigen Studien mehr als ein Konstrukt untersucht wurde, sodass eine strikte Trennung aufgrund fließender Übergänge nicht immer möglich ist.

2.6.1 Forschungsstand ausgewählter sportpsychologischer Konstrukte

Motiv, Leistungsmotiv, Motivation und Kausalattribution

Ab Mitte der 1960er Jahre finden sich wissenschaftliche Diskussionen, in denen Psychiater aufgrund empirischer Untersuchungen die Persönlichkeitsstruktur von Hochleistungssportlern analysierten und Rückschlüsse auf deren Motivationsdynamik zogen. Sie schrieben von „Problemathleten" und folgerten, dass nur Extrempersönlichkeiten den hohen individuellen Belastungen im Spitzensport standhalten und Ausnahmeleistungen erzielen können. Mit Beginn der 1970er Jahre entstand das Konzept der Leistungsmotivation. Dafür sprechen, dass Athleten ihre Leistungshandlungen als freiwillig angestrebte Tätigkeit erleben und bewerten. Weiterhin schärften Autoren Mitte der 1970er Jahre (z. B. Allmer, 1978, Sack, 1980, Steiner, 1976) aufgrund der unterschiedlichen Untersuchungsansätze den Blick dafür, dass eine Anzahl an Sportarten existieren und somit eine Vielfalt an motivierten Verhalten sowie Motiven. Gleichzeitig ging man nicht mehr von *der* Persönlichkeit Spitzensportler aus, sondern von individuellen Voraussetzungen sowie einer Vielfalt aktualisierter Motivation (Gabler, 1981).

Gabler (1981) verfolgte in einer Querschnittsuntersuchung 1969/70 an $N = 154$ Hochleistungsschwimmern (97 männl., 57 weibl.) die Frage, unter welchen Bedingungen sich ein generelles Leistungsmotiv im Sport aktualisiert, wenn es kein spezifisches Leistungsmotiv für die sportliche Betätigung gibt. Die Ergebnisse zeigten, dass im Schwimmen die Aktualisierung eines überdauernden Leistungsmotivs nur unter günstiger Konstellation von Anregungsbedingungen und individueller Ansprechbarkeit erfolgt (ebd., 1981). Schwimmer suchen das Tätigkeitsfeld nicht, um neurotische Tendenzen zu kompensieren und auch nicht, wenn von Beginn an keine spezifischen Persönlichkeitsmerkmale vorlagen, die sie zum Hochleistungssport geführt haben. Jugendliche und erwachsene Hochleistungsschwimmer sind somit keineswegs selbstunsicher, emotional labil, introvertiert oder ängstlich. Sie haben eine Persönlichkeit, welche in der Norm liegt, in deren Struktur sich das Leistungsmotiv durch spezifisch günstige Anreize (z. B. Familie, Trainingsgruppe, Trainer, Leistungsatmosphäre) auf intensive Weise aktualisiert. Auf der Grundlage einer durchschnittlichen Persönlichkeitsstruktur zeigte sich, dass das erfolgsbestimmende Leistungsmotiv sich im Kontext mit anderen Motiven aktualisiert. Dabei erfolgt die Anregung durch situative Bedingungen und individuelle Erfahrungen bei Erfolgs- und Misserfolgserlebnissen in Lust- und Unlustsituationen. Die sich an diese Überlegungen anschließenden Längsschnittuntersuchungen (1975) mit $N = 102$ Hochleistungsschwimmern aus der Querschnittsstudie überprüften, ob sich Schwimmer mit langjähriger Trainings- und Wettkampferfahrung im Hinblick auf ihre individuellen Dispositionen von denjenigen Athleten unterscheiden, die das Leistungstraining beendet haben oder weniger erfolgreich waren. Die Ergebnisse unterstrichen, dass gegebene Beanspruchungen und Belastungen im Spitzensport nicht zu einer wesentlichen Veränderung allgemeiner Persönlichkeitsmerkmale führen (ebd., 1981).

Elbe (2003) führte eine Studie zur sportlichen Leistungsorientierung von deutschen und amerikanischen studentischen Spitzensportlerinnen durch. Dabei wurden Wettkampf-, Sieg- und Zielorientierung der Athletinnen erfasst. Es konnten interkulturell keine Unterschiede nachgewiesen werden, jedoch zeigte sich, dass Spitzensportlerinnen eine größere Leistungsorientierung im Vergleich zu Nicht-Spitzensportlerinnen besaßen (Willimczik & Kronsbein, 2005).

Die Untersuchungen von Thomassen und Halvari (1996) sowie von Elbe, Beckmann und Szymanski (2003) konnten eine signifikante Korrelation zwischen dem Erfolgsmotiv, dem spitzensportlichen Trainingsumfang und dem sportlichen Erfolg nachweisen. Dies wurde darin deutlich, dass bei Sportinternatsschülern die Komponente Furcht vor Misserfolg signifikant niedriger ausgeprägt war als bei Schülern einer vergleichbaren Schule (Beckmann & Elbe, 2006).

Willimczik und Kronsbein (2005) hatten bei ihrer Studie das zentrale Ziel, Erkenntnisse zu den Faktoren der Leistungsmotivation aus der Psychologie und Ökonomie zusammenzuführen und zur Grundlage einer empirischen Untersuchung im Spitzensport zu machen. Die Studie strebte keine Aussagen über die Relevanz der sportlichen Gesamtmotivation für die tatsächliche Leistung an, sondern beschränkte sich auf die Motivationsmuster von Spitzenathleten. Die Stichprobe umfasste $N = 58$ Athleten (28 männl., 30 weibl.) aus dem Spitzensport. Davon kamen $N = 25$ Probanden aus Individualsportarten und $N = 33$ aus Spielsportarten. Es wurde untersucht wie sich Leistungsmotivationsmuster bei Spitzensportlern von der Aneignungsphase bis zum Spitzensport entwickeln, sowie möglichen geschlechts- und sportartspezifischen Unterschieden dieser Entwicklung. Zusammenfassend ging aus der Studie hervor, dass sich persönlichkeitsbezogene Motive (HE, FM, Aufgabenorientierung und Ego-Orientierung) sowie intrinsische und extrinsische Anreize im Verlauf der Sportkarriere zum Höhepunkt hin stark ändern. Geschlechts- und sportartspezifische Unterschiede lassen sich eher als gering einstufen. Weiterhin zeigte die Studie, dass intrinsische Anreize für den Athleten im frühen Stadium seiner Laufbahn eine zentrale Rolle spielen (Willimczik & Kronsbein, 2005).

In einer Studie an Nachwuchsathleten wiesen Xin, Han und Feng (2008) eine Beziehung zwischen Leistungsmotivation, Lernstrategien und Leistung im professionellen Training nach.

Untersuchungen des Leistungsmotivs mit Hilfe der *Achievement Motives Scale-Sport (AMS-Sport)* von Elbe, Wenhold und Müller (2005a) nahmen unter anderem Beckmann, Waldenmayer und Liebl (2010) im Rahmen eines Betreuungsprojekts von $N = 16$ Sportschützen vor. Dabei dienten die Ergebnisse als Grundlage für zielführende Interventionen in Vorbereitungslehrgängen auf internationale Wettkämpfe.

Weiterhin kam die AMS-Sport zur Eingangsdiagnostik im Rahmen des Betreuungsprojekts der Nationalmannschaft des Deutschen Behindertensportverbandes e. V. (DBS) Fachsparte Schwimmen bei $N = 21$ Kader- und $N = 8$ Nachwuchsathleten (Brand, Delow & Steven, 2010) und in Projekten von Brand und Delow (2009), Beckmann, Wenhold, Delow und Giehler (2009) und Beckmann und Linz (2010) zum Einsatz.[9]

Wenn Athleten im Wettkampf versagen, kann die individuelle Leistungsmotivation negativ beeinträchtigt werden. Bisherige Studien zeigen, dass der Attributionsstil und die Bewältigungsstrategien dabei eine wichtige regulierende Wirkung auf die Leistungsmotivation haben. Chang, Tang und Ji (2008) konnten in ihrer Studie das Zusammenspiel zwischen Attributionsstil, Bewältigungsstrategien und der Leistungsmotivation des Athleten während Misserfolgssituationen bei $N = 408$ Athleten nachweisen. Es zeigte sich, dass im Falle einer Attribution auf Bemühung und bei gleichzeitiger Anwendung einer Coping-Strategie das Niveau der Leistungsmotivation des Athleten durch diese Interaktion optimal gefördert wurde.

Grundlage neuerer empirischer Studien, die sich auf die Weiterentwicklung der Zielorientierung, die im Trainingsprozess die Basis für eine optimale Leistung im Wettkampf ist, fokussieren, sind die Ergebnisse der motivationstheoreti-

---

[9] An dieser Stelle ist zu erwähnen, dass die Ergebnisse des AMS-Sport in diesen Quellen nicht aufgeführt wurden, da dieser nur zur Eingangsdiagnostik verwendet wurde.

schen Überlegungen von Heckhausen und Weiner, aus denen unter anderem das Modell der Leistungsmotivation von Gabler (2002) hervorging. In einer Studie an N = 181 Handballspielern aus 14 Mannschaften zeigten Balaguer, Duda, Atienza und Mayo (2002), dass im Vergleich zu einer hohen Wettbewerbsorientierung eine hohe Aufgabenorientierung im Hinblick auf die Zufriedenheit mit dem Training, mit Mitspielern und der eigenen Leistung einhergeht. Grossboard, Cumming, Standage, Smith und Smoll (2007) kamen zu einem ähnlichen Ergebnis. Gleichzeitig verwiesen sie darauf, dass das sozial erwünschte Antwortverhalten berücksichtigt wird, da in ihrer Studie bei den weiblichen Probanden im Vergleich zu den Männern die Wettbewerbsorientierung negativ mit der sozialen Erwünschtheit[10] zusammenhing. Dass eine hohe Aufgabenorientierung positive Effekte im Zusammenhang mit antizipierten Leistungssituationen nach sich zieht, wiesen Jagacinski und Strickland (2001) nach. Sie zeigten auch, dass eine hohe Wettbewerbsorientierung negative Affekte bewirkt. Im Hochleistungsbereich wiesen Pensgaard und Roberts (2003) das Überwiegen aufgabenorientierter Einstellungen bei norwegischen Spitzenathleten nach. Es wurde besonderer Wert auf den Zusammenhang der motivationalen Zielorientierung und dem selbst berichteten Coping gelegt. Es zeigte sich, dass die Athleten mit einer hohen Aufgaben- und niedrigen Wettbewerbsorientierung gleichzeitig die waren, die eher zur Nutzung aktiver Copingstrategien und Inanspruchnahme emotionaler sozialer Unterstützung neigten. Hingegen tendierten Athleten mit hoher Wettbewerbs- und niedriger Aufgabenorientierung eher zu Umbewertungsstrategien und zu einer subjektiven Überschätzung der eigenen Fähigkeiten. Von Vazou, Ntoumanis und Duda (2006) wurde das motivationale Trainingsklima von N = 493 Nachwuchsathleten im Alter von zwölf bis 17 Jahren untersucht. Der Schwerpunkt lag auf der Zielorientierung der Athleten und Trainer. Es wurde herausgestellt, dass ein durch Wettbewerbsorientierung geprägtes motivationales Trainingsklima mit hoher Ängstlichkeit der Athleten einhergeht. Die Aufgabenorientierung des Trainers hing jedoch positiv mit einer hohen Selbstwertwahrnehmung der Athleten zusammen. Gleiches bestätigten Kuczka und Treasure (2005) mit Hilfe von N = 140 Elite-Golfspielern. In einer Studie an N = 202 Volleyballspielern erfassten Gano-Overway, Guivernau, Magyar, Waldron und Ewing (2005) neben dem motivationalen Trainingsklima auch den Respekt vor dem Gegner. Es zeigte sich, dass die Aufgabenorientierung am deutlichsten mit dem Respekt vor dem Gegner, aber auch mit dem Spiel an sich zusammenhing (Stoll, 2010b).

---

[10] Siehe Scholl (2009, S. 219ff).

Im Anschluss an Wettkämpfe nehmen Athleten kognitive Attributionen vor, um Gründe für ihren Erfolg oder Misserfolg herauszustellen (Rotella, 1978). So gelang beispielsweise Fisher und Driscoll (1975) der Nachweis, dass die Fachkenntnis der Athleten die Einstellung zum eigenen persönlichen Erfolg oder Misserfolg beeinflusst. Tenenbaum und Furst (1985) wiesen nach, dass Individualsportler Erfolg und Misserfolg häufiger den inneren Faktoren zuschreiben, als dies Mannschaftssportler tun.

Lefebvre (1979) betrachtete in seiner Studie die Erfolgsmotivation und Kausalattribuierung bei männlichen und weiblichen Athleten. Dabei zeigte sich, dass keine Unterschiede in Bezug auf die Erfolgsmotivation und den Kausalattribuierungen zwischen beiden Geschlechtern besteht. Allerdings zeigten Athletinnen eine größere innere Motivation und eine erhöhte Angst zu verlieren. Beide Geschlechter erachten Talent und Anstrengung für wichtig, um gute Leistungen zu erzielen. Wiederum werden schlechte Leistungen auf Pech und zu geringen Einsatz zurückgeführt. Athleten mit einer erhöhten Motivation zur Leistung schreiben sich ihren Erfolg eher selbst zu, während Athleten, die nicht erfolgsmotiviert sind, ihren Misserfolg auf äußere Einflüsse attribuieren. Weitere geschlechtsspezifische Studien zu Kausalattributionen wurden unter anderem von Weinberg, Poteet, Morrow und Jackson (1982), Blucker und Hershberger (1983) sowie Dabrowska (1993) durchgeführt.

Mark, Mutrie, Brooks und Harris (1984) bestätigen mit ihrer Studie an Squash- und Racquetballspielern, dass es keinen Unterschied bei der Kausalierung der Attributionen zwischen Siegern und Verlierern gibt, jedoch die Sieger beständigere und kontrollierbarere Attribuierungen vornehmen.

An $N = 84$ Footballspielern untersuchten Carron und Spink (1980) die Stabilität der Attribuierungen. Die Spieler sollten im Anschluss an das Spiel ihre Mannschaftsleistung nach den fünf in der Theorie dargelegten Attributionen (Fähigkeit, Aufgabenschwierigkeit, Anstrengung, Glück, Einfluss der Funktionäre) interpretieren. Es zeigte sich, dass innerhalb der Mannschaft das Niveau der Attribution konstant blieb. Lediglich einzelne Spieler veränderten ihre Interpretation der Gründe für Sieg oder Niederlage. Auvergene (1983) untersuchte bei $N = 45$ Skifahren (33 männl., 12 weibl.) die Motivation und Kausalattribuierung bei erfolgreichen und erfolglosen Sportlern. Es zeigte sich, dass die Athleten ungeachtet ihrer Wettkampfleistung die gleiche Motivation besaßen. Im Vergleich zu erfolglosen Sportlern attribuierte ein größerer Teil der erfolgreicheren Athleten Erfolg internal und Misserfolg external. Ebenso waren weniger erfolgsmotivierte Athleten unbeständig in ihren Kausalattributionen für Erfolg und Misserfolg.

Studien von Frieze und Weiner (1980), Hanrahan und Cerin (2008) und Rees (2007) thematisierten ebenfalls Kausalattributionen unter anderem im Zusammenhang mit Zielerreichung bzw. Zielorientierung. Weitere Untersuchungen zu Kausalattributionen und Emotionen nach Sieg und Niederlage führten z. B. Schmidt und Schmole (1997) an Volleyballern durch.

Emotionen

Die Untersuchung von Schlattmann & Hackfort (1991) an N = 42 Spitzensportlern aus Mannschafts- und Individualsportarten (Basketball, Fußball, Gewichtheben, Schwimmen, Tennis) ergab, dass Athleten dem Erleben von „positiven" Emotionen sowohl positive als auch negative Effekte in Bezug auf unterschiedliche Funktionsaspekte zuschreiben. Emotionen werden in allen Phasen des Handlungsprozesses mit funktionalen Bedeutungen verknüpft, wobei die Athleten, insbesondere Schwimmer und Gewichtheber, enge Bezüge zwischen „positiven" Emotionen und motivationalen Prozessen sehen. Übereinstimmend für alle Sportarten wurde herausgefunden, dass das Erleben von „positiven" Emotionen eine wesentliche Motivation zur Sportausübung ist, welche dem harten und strapaziösen Training erst einen spezifischen Sinn verleiht (ebd., 1991).

Eine von Rethorst (1993) durchgeführte und auf Simulation basierende Untersuchung an N = 122 Probanden belegte den engen Zusammenhang zwischen Emotion und Handlungsabsicht, der bereits von Weiner (1986) beschrieben wurde. Die Ergebnisse der Studie belegen, dass Individuen, die Schuldgefühle infolge eines persönlichen Misserfolgs empfanden (weil der Grund für ihren Misserfolg als kontrollierbar eingeschätzt wurde), infolgedessen eine stärkere Absicht zeigten, die Trainingsintensität zu steigern, um schließlich erfolgreich zu sein.

Der Zusammenhang zwischen Erwartungen und Emotionen wurde von McGraw, Mellers und Tetlock (2005) untersucht. Dabei konnten die Autoren zeigen, dass Silbermedaillen-Gewinner höhere Erwartungen haben und somit auch mehr enttäuscht waren als Bronzemedaillen-Gewinner. So vergleicht sich der Silbermedaillen-Gewinner mehr mit dem Erstplatzierten, während der Dritte eher froh war überhaupt auf dem Podest zu stehen. In einem Fechtwettkampf unter Laborbedingungen untersuchten Biddle und Hill (1992) die Relationen zwischen Attribuierungen und Emotionen. Durch Beeinflussung des Ergebnisses konnten extreme Niederlagen erzeugt werden. Die Autoren wiesen nach, dass die erzeugten Attributionen und Emotionen sehr ähnlich denen waren, die nach Sportwettkämpfen vorgenommen werden bzw. entstehen.

Gleichzeitig zeigten sie auch, dass eine Anzahl von Nichtzuschreibungen ein ebenso wichtiger Prädikator für sportähnliche Emotionen sein kann.

Stress

El-Naggar (1993) untersuchte bei N = 43 männlichen Tischtennis-Spielern die Auswirkung von mit Wettkämpfen assoziiertem Stress auf die Leistung von erfahrenen und eher unerfahrenen Athleten. Die Ergebnisse zeigten, dass ein gewisses Maß an Erfahrung nicht dem Empfinden von Stress vorbeugt. Denn sowohl erfahrene als auch unerfahrene Spieler empfanden Stress, der mit der Wettkampfsituation verbunden war. Da zu zahlreichen olympischen Sommersportarten (z. B. Tennis, Triathlon) Studien zur Analyse kritischer Situationen vorliegen und deren Ergebnisse in den Trainingsprozess sowie den spezifischen Einsatz psychologischer Verfahren eingeflossen sind, beschäftigt sich die Studie von Adler und Ziemainz (2005) mit der Sportart Biathlon.[11] Insgesamt wurden mit Hilfe von N = 68 Athleten (davon 30 Bundeskaderathleten) 943 kritische Situationen ermittelt. Es zeigte sich, dass Athletinnen Situationen kritischer einschätzen als Athleten. In Bezug auf den eigenen Kaderstatus sowie das Trainingsalter konnten keine Unterschiede erkannt werden. Die Ergebnisse verdeutlichen, dass die Athleten in einigen Situationen keine Bewältigungsstrategien eingesetzt haben. Es ist zu empfehlen, diese Athleten im Trainingsprozess gezielt mit sportpsychologischen Trainingsverfahren auf die Auseinandersetzung mit spezifischen Wettkampfsituationen vorzubereiten (ebd., 2005).

Coping

Bis Ende der 1980er Jahre sind im Sport nur vereinzelte Studien zum Thema Stress sowie Stress und Coping zu finden (Stoll, 2006). Die ersten deutschen Sportpsychologen waren Nitsch und Sonnenschein, die diesem Themenbereich verstärkt Beachtung schenkten. Vom anglo-amerikanischen Forschungsparadigma abhebend, erfolgte zu Beginn der 1990er Jahre in der deutschen Sportpsychologie eine systematische Erforschung dieser Thematik. Während sich die amerikanische und australische Copingforschung Themen wie Burn-Out und den Zusammenhängen von Leistungsversagen und habituellem Coping widmete, konzentrierten sich die deutschen Arbeiten auf die Leistungsoptimierung mit Hilfe von effektivem Coping in sportspezifischen Situationen (Hindel & Krohne, 1992). Darauf folgte eine Vielzahl von Untersuchungen (z. B. Stoll, 1995; Ziemainz, 1997; Emmerlich, Nordhaus & Stoll,

---

[11] Zusammenfassend hierzu siehe Ziemainz (1999).

1997; Neumann, 2001) in den verschiedensten Sportarten (z. B. Langstreckenlauf, Triathlon, Volleyball, Basketball) sowie an Schiedsrichtern (Brand, 2002). Alle Studien deckten leistungsförderliche und leistungsmindernde Copingstrategien auf (Stoll, 2006; Alfermann & Stoll, 2010). Gleichzeitig weist diese anwendungsbezogene Forschung auch auf theoretische und forschungsmethodische Probleme hin:

1. Ergebnisse aus sportartspezifischen Studien fallen differenziert und teilweise inkonsistent aus. Demnach erweist sich das Erlernen sowie Üben von differenzierendem Coping in der Praxis als schwierig.
2. Ist nur der Leistungserfolg das zentrale Merkmal für erfolgreiches Coping, entfernt man sich vom Ansatz von Lazarus und Folkman (1984). Demnach ist aus emotionspsychologischer Sicht Coping nur erfolgreich, wenn die Person nach einer Copingstrategie keinen Unterschied zwischen primärer und sekundärer Bewertung merkt. Die sportliche Leistung bzw. das Handlungsergebnis sind hier irrelevant.
3. Im Vergleich vom Mannschafts- zum Individualsportler kann im Individualsport der Leistungserfolg als Kriterium für eine erfolgreiche Copingaktion herangezogen werden. In Teamsportarten lässt sich individueller Erfolg schwer operationalisieren.
4. Theoriekonforme Copingdiagnostik ist wenig ökonomisch, dafür aufwendig. Es existiert keine Diagnostik, die handlungsleitende Kognitionen in kritischen Situationen valide und reliabel erfasst.
5. Bei Evaluationsstudien eröffnet sich das Problem, genügend vergleichbare Athleten zu finden, welche ausgangshomogen sind (Stoll, 2006).

Aktuell wird dieses Forschungsparadigma aufgrund der genannten Probleme nicht mehr verfolgt. Vielmehr erfolgt eine Ausdifferenzierung von erfolgsfördernden und erfolgsmindernden Copingstrategien. So wies Stoll (1996b) in einer Sekundäranalyse nach, dass ein bestimmtes Bewältigungsverhalten immer im Zusammenhang mit zusätzlichen Variablen (z. B. subjektive Kontrollierbarkeit) betrachtet werden muss. Diesen Ausführungen folgend, existiert eine - wenn auch komplexe - Theorie im Copingbereich, die den Gegenstandsbereich hinreichend erfasst (ebd., 2006).

2.6.2 Sportpsychologische Bedarfssituation in Deutschland

Bei den Olympischen Spielen 2000 zeichnete sich für die deutsche Mannschaft mit Platz 5 im Medaillenspiegel (14 Goldmedaillen) im Vergleich zu 1992 (33 Goldmedaillen) und 1996 (20 Goldmedaillen) ein negativer Trend ab

(Eberspächer et al., 2002). Infolge dessen machten 17 Spitzenverbände während der Olympiavorbereitung auf die Olympischen Spiele 2004 Gebrauch von der Sonderförderung zur Optimierung der psychischen Leistungsvoraussetzungen der Athleten, wobei sportpsychologische Kompetenzen systematisch in bestehende Trainingskonzepte integriert wurden (Neumann, 2008; Eberspächer, Mayer, Hermann & Kuhn, 2005). Insgesamt waren 23 Sportpsychologen in die Projekte involviert. Nach den Olympischen Spielen 2004 in Athen erfolgte eine umfangreiche Evaluation der Betreuungsmaßnahmen. Aus den sportpsychologischen Projektberichten ging hervor, dass die Athleten die Zusammenarbeit als positiv betrachtet hatten und teilweise schon in Abstimmung mit den Bundestrainern zukünftige Tätigkeitsschwerpunkte formuliert wurden (Eberspächer et al., 2005). Die Bundestrainerbefragung (Eberspächer et al., 2002) ergab, dass die sportpsychologische Arbeit als sehr zufriedenstellend eingeschätzt wurde und die abgesteckten Ziele erreicht werden konnten. Eine Weiterführung der Zusammenarbeit war somit weiterhin erwünscht (Eberspächer et al., 2002).

Ein Vergleich der Medaillenspiegel der Olympischen Spiele 2000 zu 2004 zeigte, dass die Sportarten, die eine sportpsychologische Betreuung genutzt haben, in der Statistik eine leicht positive Tendenz aufwiesen und, dass auch hinsichtlich der Leistungsentwicklung eine signifikant positive Veränderung zu verzeichnen war (Eberspächer et al., 2005). Nach den Olympischen Spielen 2004 in Athen wurden die Ergebnisse der sportpsychologischen Betreuung als positiv wahrgenommen (Mayer, Kuhn, Hermann & Eberspächer, 2009).

Der bereits oben genannten Bundestrainerbefragung waren das DSB-Förderprojekt zur Optimierung der sportpsychologischen Betreuung im Spitzensport und die Analyse der sportpsychologischen Ausbildungsstrukturen vorangegangen (Immenroth, 2001). Beide Studien deckten Defizite in der Verbindung der sportpsychologischen Ausbildungsverfahren und in der Integration der ausgebildeten Sportpsychologen in der Praxis auf, da diese weiterhin unüberschaubar ist. Mit der Evaluation wurde der Frage nachgegangen, ob die lediglich befriedigenden Ausbildungsstrukturen oder die geringe Nachfrage nach gut ausgebildeten Sportpsychologen im deutschen Spitzensport die Gründe sind. 192 Bundestrainer (Chef-/Disziplintrainer, Stützpunkttrainer, Nachwuchstrainer) nahmen an der Studie teil. Es konnte ermittelt werden, dass die deutschen Bundestrainer über die Sportpsychologie ein *zufriedenstellendes* Wissen besitzen und dass die Einstellung gegenüber der Sportpsychologie positiv ist. Gleichzeitig zeigten sich aber auch Schwierigkeiten im Umgang mit der Sportpsychologie. Die Ergebnisse verdeutlichen zum einen den Bedarf und zum anderen die Akzeptanz einer qualifizierten sportpsychologi-

Ausgewählte sportwissenschaftliche Grundlagen

schen Beratung und Betreuung im Spitzensport. Gleichzeitig dienen die Ergebnisse als Grundlage für eine Verbesserung der sportpsychologischen Beratung und Betreuung (Eberspächer et al., 2002).
Als Folge der Bundestrainerbefragung von Eberspächer et al. (2002) und des Bundestrainergroßseminars (2002) wurde 2002 eine Zentrale Koordination Sportpsychologie (ZKS) in Heidelberg initiiert. Mit der Einrichtung der ZKS wird das Ziel der Optimierung und Gewährleistung einer hohen Qualität in der sportpsychologischen Betreuung in den deutschen Spitzenverbänden verfolgt. Um die ZKS interinstitutionell anzubinden wurden der ZKS ein Projektbeirat aus Experten des Deutschen Olympischen Sportbund (DOSB), der Arbeitsgemeinschaft für Sportpsychologie (asp) und des BISp zur Seite gestellt. Bereits 2003 erfolgte die Realisierung von 25 Betreuungsprojekten und in den Folgejahren konnte ein stetiger Anstieg der Projekte verzeichnet werden. Ebenso laufen seit 2003 13 Projekte kontinuierlich weiter und immer mehr Verbände neigen dazu, koordiniert die Disziplingruppen eines Verbandes sportpsychologisch betreuen zu lassen. Es ist der Anspruch der ZKS sportpsychologische Betreuung im Rahmen der Koordination durch den DOSB auf höchstem Niveau für die olympischen Spitzenverbände sicherzustellen. Die Bundestrainerbefragung zeigte, dass es nicht an einer grundsätzlichen Ablehnung oder einem geringen Informationsstand über die Möglichkeiten sportpsychologischen Trainings scheitert, sondern vielmehr an fehlenden strukturellen Voraussetzungen (Mayer et al., 2009).
Durch die Unterstützung des DOSB, des BISp und der asp haben sich die strukturellen Voraussetzungen verbessert. Schwierigkeiten sind allerdings weiterhin bei der Einbindung der Sportpsychologen in die verbandsinternen Strukturen der Spitzenverbände hinsichtlich Systematik und Organisation vorhanden. Es besteht hier zusätzlicher Optimierungsbedarf, da dieser die Voraussetzung ist, sportpsychologische Betreuung zufriedenstellend zu gestalten. Weiterhin sollte der Juniorenbereich früher gezielter sportpsychologisch betreut werden, denn je früher mit Interventionen begonnen wird, desto stabiler sind entsprechende Fertigkeiten im Hochleistungsalter verfügbar (ebd., 2009).
Aus Sicht der Sportpsychologie soll das aktuelle und durch das BISp bis 2012 geförderte Projekt „Qualitätssicherung in der sportpsychologischen Betreuung im deutschen Spitzensport" unter der Leitung von Kleinert und Brand die Vernetzung der sportpsychologischen Experten sowie eine dauerhafte qualitätsorientierte sportpsychologische Betreuungsarbeit für die deutschen Spitzenverbände gewährleisten (BISp, 2010).
In einer aktuellen kritischen Betrachtung zur Entwicklung des Weltschwimmsports und der deutschen Schwimmer äußert Rudolph (2009), dass in der

Vorbereitung der Einsatz eines Sportpsychologen wünschenswert sei, aber kein Ersatz für einen physisch unzureichend ausgebildeten Athleten ist. Weiterhin vertritt er die Ansicht, dass bereits im Nachwuchsbereich ein sportpsychologischer Grundstein gelegt werden sollte, da sonst der spätere Einsatz eines Psychologen im Hochleistungstraining nur noch Stückwerk ist (ebd., 2009). Aus Perspektive des DSV sollten Sportpsychologen wichtige und vielseitige Funktionen (z. B. Begleitung von Trainingslagern und Wettkämpfen) übernehmen. Im Rahmen der Amtszeit (2006-2008) von Madsen (Chefbundestrainer) sollte ein Sportpsychologe als Gesprächspartner und Bindeglied zur Mannschaft zur Verfügung stehen. Die Trainer waren anfangs zögerlich was die Zusammenarbeit mit einem Sportpsychologen angeht, da unterstellt wurde, dass diese mit einer Überschneidung von Kompetenzbereichen einhergeht. Zwischendurch wurde dieses Thema positiv gesehen (Pfaff & Madsen, 2008). Der Versuch der Implementierung der Sportpsychologie in den Trainings- und Wettkampfprozess im Rahmen der Top-Team-Athleten wurde nach Olympischen Spielen 2008 und der damit einhergehenden Neubesetzung des Trainerpostens nicht weiter verfolgt.

Ziel und Charakteristik sportpsychologischer Betreuung

Ziel sportpsychologischer Athletenbetreuung ist eine Leistungsoptimierung im Hinblick auf das Erreichen der optimalen Leistung zu einem definierten Zeitpunkt. Arbeitsschwerpunkte sind: der Umgang mit Verletzungen und emotionalen, motivationalen sowie sozialen Problemen, wobei psychische Probleme oder Krankheiten nicht unmittelbar im Mittelpunkt stehen (Eberspächer et al., 2002). Meist zeigt sich im Beratungsprozess, dass der Leistungsaspekt der Grund für den Kontakt zum Sportpsychologen ist. Dieser wird jedoch häufig durch andere Gründe überlagert, die erst im Betreuungsprozess erkannt werden. Es ist daher wenig sinnvoll den Erfolg von sportpsychologischen Interventionen nur an der Leistungskomponente (z. B. Sieg, Platzierung, Zeiten) zu messen. Die sportliche Leistung wird durch viele Faktoren beeinflusst, daher ist ein alleiniger Rückschluss auf sportpsychologische Intervention unzulässig. So sind beispielsweise eine stabilere Leistungserbringung über die Wettkämpfe hinweg oder eine bessere Regulation von emotionalen Stress und Druck vor den Wettkämpfen positive Ergebnisse eines Betreuungsprozesses (Kellmann, Gröpel & Beckmann, 2011). Im Schwimmsport liegen die Hauptaufgaben des Sportpsychologen in den Bereichen Vermittlung psychologischer Erkenntnisse an den Trainer für die Praxisumsetzung, in der Beratungsfunktion im Kontext der Athleten-Trainer-Beziehung sowie der Athletenbetreuung in Zusammenarbeit mit dem Trainer (Gabler, 1979a).

Besonders die Olympischen Spiele stellen für den Athleten im Hinblick auf den großen öffentlichen Druck sowie das Zusammenleben im Team innerhalb des olympischen Dorfs eine besondere Anforderung dar, die in Zusammenarbeit mit dem Sportpsychologen rechtzeitig thematisiert werden sollte (Pfaff & Madsen, 2008). Im Idealfall findet die sportpsychologische Betreuung über die gesamte Saison hinweg statt, wobei Schwerpunkte bei Trainingslehrgängen sowie Wettkampfvorbereitung und -durchführung gesetzt werden können (Eberspächer et al., 2002). Obwohl davon ausgegangen wird, dass fachlich erfolgreiches Agieren im Spitzensport durch den Sportpsychologen auch ohne schwimmsportspezifisches Wissen möglich ist (Stoll et al., 2010), werden Grundlagenwissen in der jeweiligen Sportart sowie fundierte sport- und trainingswissenschaftliche Kenntnisse als vorteilhaft angesehen (Eberspächer et al., 2002). Zum einen ist der Einsatz eines Sportpsychologen aufgrund des Trainings- und Wettkampfstresses zu begrenzen, zum anderen wird nach Prüfung der Einsatzbedingungen diese Beratungsinstanz als sinnvoll angesehen. Adam (1978) äußerte sich dazu wie folgt:

> „Ich bin mir ziemlich sicher, dass der Trainingsprozess sich heute nur noch optimieren lässt durch ein arbeitsteiliges Team, dass sich zusammensetzt aus zwei bis drei Trainern (einer verantwortlich), dem Sportmediziner, dem Psychologen, dem verantwortlichen Funktionären und dem Masseur. Diese Arbeitsgruppe muss auch die Athleten als gleichberechtigte Partner an der Planung beteiligen. Haupthindernis bei der Durchführung einer solchen Konzeption ist die Eifersucht der Trainer, die dazu neigen, den Athleten als Eigentum zu betrachten, an das man niemanden heranlässt. Andererseits habe ich an einem Beispiel sehr deutlich erlebt, dass ein solches Team besser arbeitet als der Einzelne; das war der Achter-Endlauf bei den Olympischen Spielen in Mexico City. Als am Abend vor dem Endlauf ein Mann mit fiebriger Angina ausfiel, hat ein solches Team eine Lösung des Problems entwickelt, die zum Erfolg führte. Auf mich allein gestellt, hätte ich eine andere, vermutlich schlechtere gewählt. Allerdings war in dieser Gruppe noch kein Psychologe vertreten, doch wird er vermutlich oft das wichtigste Mitglied sein" (Adam, 1978, S. 275).

Der Athlet steht im Mittelpunkt jeder sportpsychologischen Betreuung, jedoch ist auch der Trainer einzubeziehen, der alle leistungsoptimierenden Maßnahmen koordiniert und damit eine hohe Bedeutung für die Erreichbarkeit des einzelnen Sportlers durch sportpsychologische Betreuung und Beratung hat (Zentrale Koordination Sportpsychologie, 2009). Immer wieder wird die Wichtigkeit betont, Sportpsychologen wie auch Mediziner, Biomechaniker, Leistungsdiagnostiker und Physiotherapeuten als Mitglied in das Kompetenzteam um den Trainer einzubinden. Um letztlich sportpsychologische Inhalte (z. B. Mentales Training) leistungsoptimierend einzusetzen, muss eine Integration in den Alltagsbetrieb des deutschen Spitzensports, vorzugsweise über eine Anbindung an den Spitzenverband, erfolgen. Dies würde zur Transparenz auf

Seiten des Trainers hinsichtlich der Auswahl und Finanzierung eines Sportpsychologen beitragen (Eberspächer et al., 2002).

Leber, Hermann, Kuhn, Mayer und Eberspächer (2010) konnten durch die von ihnen durchgeführte Bundestrainerbefragung ($N = 7$) deutliche Unterschiede in der Beschreibung des idealen Sportpsychologen herausarbeiten. Dabei steht nicht die Definition über allgemeingültige Normen im Vordergrund, sondern vielmehr die Einschätzung, wie sich die Vorgehensweise des Sportpsychologen in das vorhandenen Gesamtgefüge, bestehend aus Trainer, Athlet und dem Umfeld, einfügt. Diese Einschätzung definiert nach Leber et al. (2010) die Qualität der Sportpsychologie. Durch seine kontinuierliche, langfristige und nicht immer direkt wettkampfbezogene Arbeit grenzt sich der Sportpsychologe nach Meinung der Trainer deutlich vom Sportmediziner oder Laufbahnberater ab. Die Hauptaufgaben werden in den Bereichen der Leistungsoptimierung und Verfügbarkeit, Nähe, Vertrauen sowie Unterstützerfunktion gesehen. Aufgrund der kleinen Stichprobe muss eine Generalisierbarkeit dieser Aussagen jedoch vorsichtig bewertet werden (ebd., 2010). Die Einbindung des Sportpsychologen in bestehende Verbandsstrukturen wird ausdrücklich befürwortet (Mayer et al., 2009). Um zukünftig eine erfolgreiche Präsenz deutscher Athleten bei internationalen Top-Ereignissen zu sichern, sollte über eine Ad-hoc-Integration sportpsychologischer Inhalte und Angebote in die Phase der individuellen Wettkampfvorbereitung nachgedacht werden. Die USA (Ebeling, 2000) haben sportpsychologische Inhalte und Angebote bereits systematisch und professionell in die Wettkampfvorbereitung integriert. Selbst Nationen wie Frankreich konnten unter anderem auf Grund einer systemischen sportpsychologischen Betreuung im internationalen Vergleich ihr sportliches Niveau halten bzw. sogar deutlich verbessern (Eberspächer et al., 2002).

Im Spitzensport wird die Nutzung der sportpsychologischen Betreuung zur Leistungsverbesserung immer wichtiger. Nach den Olympischen Spielen 2008 erkannte der DSV die Notwendigkeit eines systematischen sportpsychologischen Betreuungskonzepts für alle vier Fachsparten (Schwimmen, Wasserspringen, Synchronschwimmen, Wasserball) zur Leistungsoptimierung im Hinblick auf die Olympischen Spiele 2012. Speziell in der Fachsparte Schwimmen würde eine Optimierung der sportpsychologischen Betreuung in den jeweiligen Leistungszentren sehr stark begrüßt. Die Expertise ergab, dass die sportpsychologische Arbeit finanziell untersetzt, zentral koordiniert und eine praktische Implementierung des Betreuungskonzepts weiter vorangetrieben werden müsste (Stoll et al., 2010).

Sportpsychologische Interventionsstudien

Der Sportpsychologie wurde in den letzten Jahren im Spitzensport immer mehr Aufmerksamkeit entgegengebracht (Waldenmayer & Ziemainz, 2007). Sportpsychologisches Training wird als ein zielgerichteter sowie langfristig ausgerichteter, auf fundierter Diagnostik basierender und durch regelmäßige Datenerfassung kontrollierter Prozess verstanden (Beckmann & Kellmann, 2008). Es sollten jedoch sportartspezifische Besonderheiten bei dem sportpsychologischen Training berücksichtigt werden. Diese Sichtweise ist in den bisher vorliegenden Monographien zu sportpsychologischen Training kaum zu erkennen. Es wird lediglich ein grober Überblick (z. B. Eberspächer, 1993; Seiler & Stock, 1994) zu den Interventionsverfahren gegeben, die im Spitzensport ihre Anwendung finden. In den Lehrbüchern von Kunath und Schellenberger (1991), Gabler, Nitsch und Singer (2001) oder Alfermann und Stoll (2010) erfolgt ansatzweise eine Ableitung, doch in der Darstellung des sportpsychologischen Trainings bleiben die Bücher ebenfalls auf einem allgemeintheoretischen Niveau verhaftet. Erste spezifische Monographien wurden beispielsweise von Stoll und Ziemainz (1999) für den Langstreckenlauf oder Schröder und Stoll (2006) für die Sportart Eishockey verfasst (Stoll, 2010b). Demnach beschäftigten sich viele Untersuchungen mit dem Einsatz sowie der Einschätzung sportpsychologischer Diagnostik und Trainingsverfahren aus Sicht des Athleten aber auch der Trainer (Damarijan, Gould, Lauer & Medbery, 1999; Eberspächer, Immenroth & Mayer, 2002; Eberspächer, Mayer, Hermann & Kuhn, 2005; Gabler, Janssen & Nitsch, 1990; Jespersen, Keller, Murer & Steiger, 1995; Keller & Steiger, 1992; Schauer, 1999; Schmid, 2005; Vogt & Vogt, 1999). Die erste sportartübergreifende deutsche Studie zum Thema Einsatz und Bedarf sportpsychologischer Interventionen erschien 1990 von Gabler, Janssen und Nitsch (Waldenmayer & Ziemainz, 2007). Waldenmayer und Ziemainz (2007) führten eine vergleichbare Studie 15 Jahre später in Bayern durch. An $N = 115$ Bundeskaderathleten und $N = 18$ Trainern verschiedener Sportarten (Baseball, Basketball, Feldhockey, Leichtathletik, Radsport, Rudern, Schwimmen, Synchronschwimmen, Tischtennis) aus dem Bundesleistungszentrum Fürth zeigen sie, dass sportpsychologische Maßnahmen von Trainingsverantwortlichen weiterhin zu wenig eingesetzt und genutzt werden. Hauptsächlich wird dies durch Personal- und Geldmangel begründet. Gleichzeitig deuten die Ergebnisse auf ein großes Interesse an sportpsychologischen Maßnahmen und deren künftigen Einsatz im Trainingsprozess und Wettkampf hin (ebd., 2007).

Bisherige Erkenntnisse zeigen, dass Motivationsregulation gut im Rahmen des Selbstmanagement-Trainings nach Kanfer (s. Kanfer & Schmelzer, 2001) und Emotionsregulation auf der Grundlage der Überlegungen des Stressimpfungstrainings nach Meichenbaum (2003) durchführbar sind. Bislang liegen dazu jedoch keine überzeugenden empirischen Studien im Sport vor, jedoch sprechen die überzeugenden Erfolge in der Psychotherapie für eine teilweise Übertragbarkeit dieser Konzepte in den Bereich der sportpsychologischen Betreuung im Spitzensport (Stoll, 2010b).

Zusammenfassung

Es bleibt festzuhalten, dass die Sportpsychologie in den letzten Jahren Spitzensport immer mehr Aufmerksamkeit erhält und das Ziel der sportpsychologischen Athletenbetreuung hauptsächlich in Form einer Leistungsoptimierung im Hinblick auf das Erreichen der optimalen Leistung zum definierten Zeitpunkt erkannt wurde (Waldenmayer & Ziemainz, 2007; Eberspächer et al., 2002). Gegenüber der Sportpsychologie herrscht somit eine positive Einstellung (Eberspächer et al., 2002) sowie ein großes Interesse an sportpsychologischen Maßnahmen und an deren künftigem Einsatz im Trainingsprozess und Wettkampf (Waldenmayer & Ziemainz, 2007). Parallel sind immer noch Schwierigkeiten im Umgang mit der Sportpsychologie im Spitzensport zu erkennen (Eberspächer et al., 2002). So besteht weiterhin Optimierungsbedarf in der Einbindung des Sportpsychologen in die verbandsinternen Strukturen der Spitzenverbände hinsichtlich Systematik und Organisation (Mayer et al., 2009). Die praktische Implementierung des von Stoll et al. (2010) entworfenen sportpsychologischen Betreuungskonzepts müsste weiter ausgebaut werden, jedoch fehlt es an finanziellen Mitteln sowie einer zentralen Koordination.

Aus Sicht der Wissenschaft liegen nach wie vor keine überzeugenden empirischen Studien über den Einsatz eines Selbstmanagement- sowie Stressimpfungstrainings im Spitzensport vor (Stoll, 2010b).

2.7 Fragestellung und Hypothesen

Wie aus dem vorangestellten Teil der *ausgewählten sportwissenschaftlichen Grundlagen* deutlich wird, hat die kognitive Komponente einen enormen Einfluss auf den Prozess der Leistungserbringung im täglichen Training sowie bei Wettkämpfen. Speziell der Hochleistungsbereich im Schwimmsport bringt eine Vielzahl psychischer Belastungen für den einzelnen Athleten mit sich (s. Kap. 2.1). Eines der verschiedenen Motive die der Schwimmer in sich vereint, ist das Leistungsmotiv, welches als überdauernde Disposition für den Schwimmer die eigentliche Grundlage seines leistungsmotivierten Handelns darstellt (Gabler, 1981; Stoll, 2010b). Gezielte sportpsychologische Interventionen können den Athleten im Prozess der Leistungsoptimierung unterstützen. Obwohl die Forderungen nach einer sportpsychologischen Zusammenarbeit gestellt wurden (Rudolph, 2009), besteht weiterhin ein Optimierungsbedarf bezüglich der Einbindung eines Sportpsychologen (Mayer et al., 2009; s. Kap. 2.6). Trotz positiver Ergebnisse in einzelnen Studien zum Einsatz sportpsychologischer Interventionen (z. B. Waldenmayer & Ziemainz, 2007), kann von einer dauerhaften Implementierung der Sportpsychologie speziell im Schwimmsport immer noch nicht gesprochen werden, wie von Stoll et. al (2010) aufgezeigt wird. Bisher besteht ein Defizit darin, die vorhandenen Ressourcen (z. B. Personal, finanzielle Mittel) so zu strukturieren und einzusetzen, dass für Trainer und Athleten eine Systematik, Langfristigkeit sowie damit einhergehende leistungsoptimierende Aspekte umgesetzt werden. Zum einen fehlt es an Erfahrungswissen, welche Möglichkeiten die Sportpsychologie bietet, zum anderen an ausreichender Transparenz über den Zugang sowie der Nutzung sportpsychologischer Betreuung bzw. eines zentralen Ansprechpartners innerhalb der Fachsparte Schwimmen. Mit der vorliegenden Arbeit soll ein gewisses Maß an Aufklärungsarbeit sowie die Umsetzung in die Praxis geleistet werden. Aus sportpsychologischer Sicht soll geprüft werden, welche Form der sportpsychologischen Betreuung in Bezug auf die Leistungsoptimierung von Athleten und Trainern als besonders zielführend angesehen wird. Auf der Basis der Erkenntnisse von Stoll et al. (2010) erfolgt im Rahmen der Pilotstudie der Einsatz eines Stressimpfungs- und Zielsetzungstrainings.

Im Gegensatz zu den in Kapitel 2.6.1 beschriebenen Untersuchungen, wird in der Pilotstudie die AMS-Sport über den Eingangstest hinaus an zwei weiteren Messzeitpunkten (MZP) eingesetzt. Mittels diesen Vorgehens sollten eventuell auftretende Veränderungen hinsichtlich des Leistungsmotivs erfasst werden. Hier wird unterstellt, dass die Athleten aufgrund der sportpsychologischen Betreuung damit beginnen Erfolge bzw. Misserfolge intensiver zu analysieren. Die gewählten Interventionen wurden gemäß den Ergebnissen von Stoll et al. (2010) ausgewählt, da sie erstens für die Sportart Schwimmen geeignet sind, zweitens im zur Verfügung stehenden Zeitraum umsetzbar waren und drittens nachweislich einen leistungsoptimierenden Effekt in Bezug auf den Wettkampfhöhepunkt bewirken können. Folglich wird angenommen, dass eine systematische sportpsychologische Betreuung von den Athleten sowie Trainern als zielführend im Kontext des Leistungserbringungsprozesses eingestuft wird.

Ausgewählte sportwissenschaftliche Grundlagen

Die folgenden Hypothesen werden der Studie zugrunde gelegt.

Hypothese 1

Eine systematische sportpsychologische Betreuung bewirkt eine signifikant positive Veränderung in den Dimensionen des Leistungsmotivs (AMS-Sport) zugunsten der Versuchsgruppe im Vergleich zur Kontrollgruppe sowie No-Treatment-Gruppe.

Hypothese 2

Die Ursachenzuschreibungen erfolgen nach den Interventionen bei den Athleten der Versuchsgruppe bewusster und funktionaler als in der Kontrollgruppe.

Hypothese 3

Die sportpsychologischen Interventionen bewirken bei der Versuchsgruppe eine bewusste Veränderung der subjektiven Wahrnehmung von Emotionen in Drucksituationen.

Hypothese 4

Eine systematische Betreuung wird sowohl von den Athleten und Trainern der Versuchs- als auch Kontrollgruppe gewünscht.

3 Methodenteil

Der folgende Abschnitt gliedert sich in die Beschreibung der Interventionsstudie (Kap. 3.1), des Studienaufbaus (Kap. 3.2), der Darstellung der verwendeten Instrumente (Kap. 3.3) sowie der Charakterisierung der angewandten Verfahren (Kap. 3.4).

3.1 Stichprobenbeschreibung

Rekrutierung der Athleten

Für die durch den DSV unterstützte Studie (Dauer: April 2010 bis September 2010) wurden insgesamt N = 29 Schwimmer gewonnen. Dabei handelte es sich um Athleten der Stützpunkte Halle/Saale, Hamburg, Elmshorn, Erfurt, Chemnitz, Saarbrücken und Leipzig. Die Probandengruppe setzte sich aus N = 15 Schwimmerinnen (51.7%) und N = 14 Schwimmern (48.3%) zusammen. Das Durchschnittsalter der teilnehmenden Athleten beträgt M = 18.67 Jahre (SD = 3.27), wobei das Maximum bei 32 und das Minimum bei 15 Jahren liegt.[12]

Rekrutierung der Sportpsychologen

Der multizentrische Studienaufbau sah für die erwähnten sechs Bundes- bzw. Olympiastützpunkte das Mitwirken von fünf ausgebildeten Sportpsychologen vor. Da an der Martin-Luther-Universität Halle-Wittenberg (MLU) seit Oktober 2008 der Masterstudiengang „Angewandte Sportpsychologie" angeboten wird, gelang es vier Sportpsychologen für die Mitarbeit an der Studie zu gewinnen. Mit einer ehemaligen Brustschwimmerin und ebenfalls ausgebildeten Sportpsychologin konnte das Team der Sportpsychologen vervollständigt werden. Für den gesamten Zeitraum der Studie standen zwei erfahrene (Sport-)Psychologen als Supervisoren zur Verfügung.

---

[12] Da sich alle Probanden auf Spitzensport-Niveau bewegen, wurde auf die Frage nach Häufigkeit des Trainings verzichtet und vorausgesetzt, dass alle Athleten gemäß der Trainingsmethodik an sechs Tagen pro Woche Training (bestehend aus zwei Wassereinheiten und einer Landeinheit) absolvieren.

3.2 Studienaufbau

Aufgrund räumlicher Entfernungen, weiterer Verpflichtungen sowie der Teilnahme an Trainingslager- und Wettkampfreisen war eine randomisierte Einteilung der Athleten nicht realisierbar. Entsprechend erfolgte eine Zuordnung der Athleten zu den regelmäßig erreichbaren Sportpsychologen. Alle $N = 29$ Athleten waren zu diesem Zeitpunkt in keiner festen sportpsychologischen Betreuung bzw. hatten bis zum Studienbeginn minimale bis gar keine Berührungen mit dem Feld der Sportpsychologie. Mit dem Einverständnis der Trainer wurde eine Einteilung in drei Gruppen vorgenommen. Jeweils $N = 9$ Athleten gehörten der Versuchsgruppe (VG) bzw. der Kontrollgruppe (KG) an, während $N = 11$ Probanden in einer No-Treatment-Gruppe (NT-G) zusammengefasst wurden. Für alle drei Kollektive wurden im Zeitraum von Anfang April 2010 bis Ende September 2010 drei MZP definiert. Während MZP I für Anfang April 2010 geplant war, fand MZP II direkt nach dem individuellen Saisonhöhepunkt jedes einzelnen Athleten statt (Ende Juni/Anfang Juli 2010). Zwischen MZP I und MZP II lag damit ein Zeitraum von ungefähr drei Monaten. MZP III sollte Aufschluss über die Nachhaltigkeit der sportpsychologischen Betreuung geben. Aufgrund der Unterschiede im Trainingsbeginn nach der Sommerpause bei den Athleten erstreckte sich der letzte MZP über den gesamten September 2010.

Zu allen drei MZP wurde jeweils die Kurzversion der AMS-Sport (s. Kap. 3.3; s. Anhang 1) eingesetzt. Innerhalb des Interventionszeitraums kamen zusätzlich zur AMS-Sport eine Trainereinschätzung (s. Anhang 4) für die betreuenden Trainer der VG und KG sowie ein wöchentliches Trainingstagebuch (s. Anhang 5) für jeden Athleten der VG und KG zum Einsatz. Beide Instrumente werden im Kapitel 3.3 näher erläutert. Zusätzlich wurden zu MZP III kurze halbstrukturierte und leitfadengestützte Interviews (s. Anhang 6 & 7) mit allen Trainern und den Athleten der VG und KG geführt (s. Kap. 3.4).

Die nachfolgende Übersicht (s. Abb. 8) stellt den Studienablauf sowie den Einsatz der Instrumente vereinfacht dar.

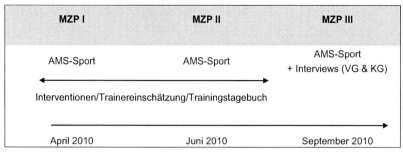

Abb. 8. Darstellung des Studienaufbaus und zeitliche Einordnung der Instrumente und Verfahren

Wie eingangs erwähnt fand eine Einteilung der $N = 29$ Athleten in drei Gruppen statt. Dabei bestanden die Unterschiede zwischen den Probandengruppen hinsichtlich der Art und Frequenz der zum Einsatz gekommenen Interventionen. Die folgenden Ausführungen zur Betreuungssituation der VG und KG sollen gleichzeitig verdeutlichen, wie die Begriffe *systematisch* und *unsystematisch* im Kontext der Studie einzuordnen sind.

Die Athleten der VG wurden für einen Zeitraum von drei Monaten einmal wöchentlich für jeweils 60 Minuten sportpsychologisch betreut. In diesem Rahmen fanden somit insgesamt zwölf Sitzungen statt. Während der ersten sieben Sitzungen wurde mit den Athleten ein Stressimpfungs- (Meichenbaum, 2003; Stoll, 2010b) bzw. ein Zielsetzungs-Training (Kanfer, Reinecker & Schmelzer, 2006, Stoll, 2010b) durchgeführt (s. Kap. 3.4). In den verbleibenden fünf Sitzungen wurden Fragen und Gedanken thematisiert, die die Athleten beschäftigten und von ihnen an den betreuenden Sportpsychologen herangetragen wurden. Damit eröffneten diese sogenannten ‚freien Sitzungen' den Athleten die Möglichkeit, auch Bereiche ohne direkten Bezug zu den zwei ausgewählten Trainingsverfahren anzusprechen. Um einen generalisierten Ablauf zu gewährleisten, wurde für die Sportpsychologen ein Sitzungsplan (s. Anhang 2) entworfen. Dieser Ansatz ermöglichte jedem Experten individuelle und gleichzeitig doch standardisierte Rahmenbedingungen für seine Arbeit. Zusammenfassend repräsentiert das Modell der VG dieser Pilotstudie eine systematische und strukturierte sportpsychologische Athletenbetreuung.

Im Vergleich dazu stellt der gewählte Studienablauf in der KG eine punktuelle jedoch nicht regelmäßige systematische sportpsychologische Betreuung dar. Entsprechend waren hier für den Interventionszeitraum fünf Gruppensitzungen in unregelmäßigen Abständen vorgesehen. Das Ziel bestand lediglich in der Vermittlung von Einsatzmöglichkeiten der Sportpsychologie und ihrer Instrumente sowie dem Ausprobieren von kurzen selbstanwendbaren Techniken (z. B. Atemregulation). Auch hier wurde zum Zweck der Generalisierbarkeit ein Sitzungsplan erstellt (s. Anhang 3).

Da sich Athleten auch ohne jegliche Angebote von sportpsychologischer Betreuung auf ihren individuellen Saisonhöhepunkt vorbereiten müssen, wurde dieser Aspekt genutzt und diese Probanden in einer NT-G zusammengefasst. Die Aussagen der Athleten der NT-G wurden ebenfalls mit der AMS-Sport zu allen drei MZP erfasst. Mithilfe des hier beschriebenen und in Abbildung 9 dargestellten Erhebungsmusters sollte eine mögliche Generalisierbarkeit hinsichtlich der Effekte von sportpsychologischen Interventionen gelingen.

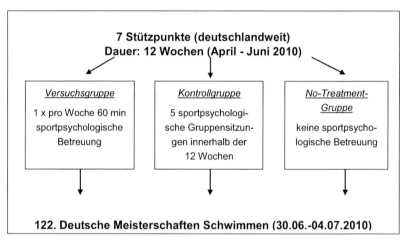

Abb. 9. Studienaufbau der Pilotstudie

3.3 Instrumente

3.3.1 Achievement Motives Scale-Sport (AMS-Sport)

Mit dem Fragebogen *AMS-Sport* von Elbe et al. (2005a, 2005b) lassen sich die Leistungsmotivkomponenten *HE* und *FM* in Sportsituationen erfassen. Die *AMS-Sport* existiert in zwei Ausführungen. Die Langversion (Version 1) umfasst 30 Items, 15 zur jeweiligen Dimension (*HE* bzw. *FM*). Die zweite Version (Kurzversion), auf die im Rahmen dieser Arbeit zurückgegriffen wurde, beinhaltet jeweils 5 Items pro Leistungsmotivkomponente. Die Items werden auf einer vierstufigen Likert-Skala beantwortet, welche von *0 = trifft auf mich überhaupt nicht zu* über *1 = trifft weniger auf mich zu*, *2 = trifft überwiegend auf mich zu* bis *3 = trifft voll zu* reicht. Die erzielte Item-Punktzahl (0 bis 3) wird mit den weiteren Punktzahlen der anderen Items der jeweiligen Dimension subsummiert. Je höher diese Punktzahl ist, desto stärker ist das jeweilige Merkmal ausgeprägt, wobei pro Dimension maximal 45 Punkte (Langversion) erreicht werden können. Anhand von Normwerttabellen und Interpretationshilfen erfolgt die Einordnung und Beurteilung der erreichten Punktzahlen sowie der Merkmalsausprägung. Bei einem Sportler können beide Dimensionen gleichzeitig hoch bzw. niedrig ausgeprägt sein. Einen Hinweis über die Motivtendenz, also ob ein Athlet eher erfolgszuversichtlich oder misserfolgsängstlich ist, liefert die Nettohoffnung (*NH*). Diese wird ermittelt, indem eine Subtraktion des Wertes der Dimension *HE* von dem der Komponente *FM* vorgenommen wird. Ergibt sich ein Wert größer Null, wird geschlussfolgert, dass der Sportler eher erfolgszuversichtlich ist. Ist der Wert kleiner Null, zeigt der Athlet eher Misserfolgsängstlichkeit. Zusätzlich kann das Gesamtleistungsmotiv (*GLM*) Hinweise zur Stärke des Leistungsmotivs geben. In diesem Fall müssen die Werte der beiden Komponenten der AMS-Sport addiert werden. Für die *NH* und für das *GLM* existieren Normwerttabellen, um die erreichten Werte beurteilen und einordnen zu können (Elbe et al., 2005a, 2005b).

Die Faktorenstruktur der AMS-Sport wurde mit Hilfe einer Hauptkomponentenanalyse untersucht. Als Grundlage diente die allgemeine Skala der *AMS* und die aus der Theorie erwähnten beiden Motivkomponenten *HE* und *FM* wurden bei der Analyse als zwei Faktoren vorgegeben. Die 2-Faktorenstruktur wird zum einen durch die Varianzaufklärung von 57 Prozent und zum anderen durch den Scree-Test sowie die Parallelanalyse (RanEigen) bestätigt. Für alle Items liegen die Ladungen zwischen *a* = .452 und *a* = .842. Ein negativer Zusammenhang von *r* = -.46 wurde für die Skaleninterkorrelation ermittelt. Die Reliabilität für die Langform der AMS-Sport der Komponente *HE* liegt bei α = .95, bei einer Retestreliabilität (Intervall: Sechs Wochen) von r_{tt} = .71. Für die Dimension *FM* beträgt die Reliabilität α = .93, wobei die Retestreliabilität (Intervall: sechs Wochen) bei r_{tt} = .69 liegt. Für die Trennschärfe der einzelnen Items liegen die Werte zwischen zwischen r_{it} = .51 und r_{it} = .83. Für die Kurzform der AMS-Sport betragen die Cronbachs Alpha bei α = .89 (*HE*) bzw. α = .89 (*FM*), bei einer Retestreliabilität (Intervall: Sechs Wochen) von r_{tt} = .61 (*HE*) bzw. r_{tt} = .60 (*FM*) (Wendland, Elbe, Wenhold & Thonke, 2003). Ebenso konnten Kriteriums- und Konstruktvalidität nachgewiesen werden. Damit bestehen z. B. zwischen der Dimension *HE* der AMS-Sport und den drei Dimensionen des *SOQ (Sport Orientation Questionnaire)* von Elbe (2004) (*Wettkampforientierung, Zielorientierung* und *Gewinnorientierung*) positive Zusammenhänge zwischen *r* = .37 und *r* = .69 sowie zwischen der Dimension *FM und den drei Dimensionen des SOQ negative Zusammenhänge zwischen r = -.02 und r = -.26.* Die AMS-Sport kann als ein valides Instrument angesehen werden (Elbe et al., 2005a).[13]

3.3.2 Trainereinschätzung

Die Trainereinschätzung (s. Angang 4) diente als Instrument zur wöchentlichen Einschätzung eines jeden Athleten aus VG und KG durch die jeweiligen Trainer. Um Aufschluss über die wöchentliche „Trainingsausnutzung" (Belastung, Intensität, zeitlicher Umfang) durch die Athleten zu erhalten, wurden die Trainer um Beurteilung gebeten, wie das in Hinblick auf die Deutschen Meisterschaften angelegte Training vom Athlet genutzt wurde und wie es hätte genutzt werden können. Zu berücksichtigen waren dabei unter anderem die tagtägliche Motivation und der Wille des Athleten oder Trainingsausfall z. B. wegen Krankheit. Die Angaben erfolgten in Prozent. War beispielsweise das Training so angelegt, das Faktoren (z. B. Belastung, Intensität etc.) zusammen auf 90 Prozent ausgelegt waren, so hätte der Athlet bei Erfüllung aller Anforderungen 100 Prozent vom Trainer als Einschätzung bekommen können. Jedoch wurde bei der Einschätzung z. B. versäumte Trainingskilometer, mangelnder Einsatz, Zuspätkommen oder Krankheit mit berücksichtigt.

3.3.3 Trainingstagebuch

Das Trainingstagebuch (s. Anhang 5) sollte von den Athleten während der Studie täglich ausgefüllt werden. Eingangs wird nach der subjektiven „Trainingsausnutzung" (s. o.) und der Erholungsausnutzung gefragt (Angabe in Prozent). Anschließend werden vom Athleten drei offene Fragen beantwortet. Der jeweilige Proband musste einschätzen, was am betreffenden Tag für das Erreichen seiner sportlichen Ziele hilfreich und was hinderlich war. Die dritte und abschließende Frage sollte Aufschluss über besondere Vorkommnisse (z. B. wenig Schlaf, innere Unruhe, Streit mit dem Trainer und/oder Angehörigen, negative Ereignisse in der Schule/im Beruf) geben.

---

[13] Weiterführende Informationen bezüglich der Kriteriums- bzw. Konstruktvalidität sowie die *AMS-Sport* sind z. B. aus der Publikation von Elbe, Wenhold und Müller (2005a, b) zu beziehen.

3.4 Verfahren

Im Zeitraum der Erhebung wurden zwei spezielle sportpsychologische Verfahren (Stressimpfungs- bzw. Zielsetzungstraining) angewendet. Im Anschluss werden beide Interventionen vorgestellt, bevor auf die genutzten Verfahren für die Datenauswertung, quantitative und qualitative Datenerhebung, eingegangen wird.

3.4.1 Stressimpfungstraining (SIT)

Unter einem SIT ist ein Verfahren zur Bewältigung von Stresssituationen zu verstehen. Dabei werden Strategien zur Stressbewältigung in aktuellen Situationen vermittelt. Der Erwerb dieser Strategien geschieht präventiv. Das SIT gliedert sich in drei Phasen.

In der ersten Phase (Informationsphase) werden die Probleme des Athleten analysiert. Dabei wird gemeinsam mit dem (Sport-)psychologen ein Modell zur Stressentstehung für den Athleten erstellt sowie die Struktur dieses Prozesses bestimmt. Dem Athleten wird dabei das Entstehen und Erleben von kritischen Situationen sowie die Anwendung von Copingstrategien in Wettkämpfen bewusst gemacht bzw. erklärt. Dies kann beispielsweise mit der Methode der Videokonfrontation erfolgen. Aufgezeichnete Wettkämpfe werden dabei von Athlet und Trainer entsprechend nach kritischen und wettkampfrelevanten Situationen analysiert und ausgewertet. Zusätzlich können weitere Trainingsdokumentationen (z. B. Trainingstagebücher), die sich mit dem Anwenden von Bewältigungsstrategien im Training und Wettkampf beschäftigen, herangezogen werden.

In Phase 2 vermittelt der (sport-)psychologische Experte dem Athleten Methoden, mit deren Hilfe er eintretende Angst- und Stressreaktionen kontrollieren kann. Zu diesem Zweck werden Informationen über problematische Situationen des Athleten gesammelt und entsprechende Bewältigungsreaktionen (z. B. verbale Handlungskontrollstrategien) erlernt. In Visualisierungs- und Konfrontationsübungen kann dieses selbstregulative „innere Sprechen" trainiert werden. Dabei soll im Kopf der Wettkampf rekonstruiert und in speziellen Situationen effektive sowie adäquate Strategien mit Hilfe des Einsatzes der Selbstgesprächsregulation angewandt werden. Alternativ können auch Wettkampfvideos mit kritischen Situationen zur Anwendung kommen. Der Athlet soll dabei für sich und dem Trainer hörbar per Selbstinstruktion eine Copingstrategie formulieren. Der Schwerpunkt bei Meichenbaum (2003) liegt auf den kognitiven Bewältigungsmechanismen.

In der dritten und letzten Phase erprobt der Athlet die Bewältigungsfertigkeiten in realen und vielfältigen Belastungssituationen. Für das Trainieren der erlernten Fertigkeiten unter wettkampfähnlichen stressreichen Situationen können Vorbereitungs- oder Trainingswettkämpfe genutzt werden. Der Athlet soll beim SIT flexibel im Umgang mit Problemsituationen werden und eine gewisse Immunisierung entwickeln (Stoll, 2010b).

3.4.2 Zielsetzungstraining

Das Zielsetzungstraining wurde nach dem Modell (7 Phasen) von Kanfer (Kanfer, Reinecker & Schmelzer, 2006), auch bekannt als Selbstmanagement-Training, durchgeführt. Ein Zielsetzungstraining im Sport unter Nutzung der Prinzipien eines Selbstmanagement-Trainings sollte sich an sieben Phasen orientieren. Es ähnelt dem Individuellen Trainings-Periodisierungsgespräch im Spitzensport (kurz ITP). In der Eingangsphase werden günstige Ausgangsbedingungen geschaffen. Phase 2 beinhaltet den Aufbau von Änderungsmotivation und die vorläufige Auswahl von Änderungsbereichen. Diese beginnt im Rahmen eines solchen ITP-Gesprächs in der Rekapitulation der Ergebnisse der vergangenen Saison sowie in der Reflexion des eigenen Trainingsprozesses auf der Basis der dokumentierten Ergebnisse. Am Ende der Reflexion deutet der Athlet dann mögliche Veränderungen an. Die Verhaltensanalyse (Phase 3) beinhaltet die Problembeschreibung für die neue bzw. veränderte Trainings- und Wettkampfplanung sowie die Erläuterung, mit welchen Methoden diese angestrebten Bedingungen erreicht werden sollen. Die Vereinbarkeit von trainings- und wettkampfbezogenen Zielen für die kommende Saison wird geklärt. Der nächste Schritt umfasst die Planung, Auswahl und Durchführung spezieller trainingswissenschaftlicher Methoden auf der Basis der neuen Zielsetzungen. In regelmäßigen Abständen finden dann erneute Treffen mit dem Athlet statt, um die Fortschritte zu evaluieren. Nach der Saison erfolgen die Endphase, im Sinne der Reflexion des Prozesses mit dem Ziel der Erfolgsoptimierung, sowie der Abschluss des Selbstmanagement-Trainings. Innerhalb des Trainings sollte intensiv an den Problemen des Athleten gearbeitet, neue Erfahrungen und Fähigkeiten vermittelt, beim Lernen und Umlernen von belastenden Gefühlsreaktionen geholfen, beim Klären von persönlichen Zielen und Motiven unterstützt sowie beim Nutzen persönlicher Stärken assistiert werden. Zusammengefasst lassen sich die sieben Phasen folgendermaßen kurz benennen:

1. Phase: Eingangsphase
2. Phase: Aufbau von Änderungsmotivation und vorläufige Auswahl von Änderungsbereichen
3. Phase: Verhaltensanalyse
4. Phase: Klären/Vereinbaren therapeutischer Ziele
5. Phase: Planung/Auswahl/Durchführung spezieller Methoden
6. Phase: Evaluation der Fortschritte
7. Phase: Endphase als Erfolgsoptimierung sowie Abschluss der Beratung/Therapie (Stoll, 2010b).

3.4.3 Quantitative Datenanalyse

Zur Datenanalyse wurde die Software SPSS Statistics ® für Windows Version 19 (IBM SPSS Statistics) verwendet.[14] Mit Hilfe des Kolmogorov-Smirnov-Tests (K-S-Test) und des Shapiro-Wilk-Tests wurde auf Vorliegen einer Normalverteilung geprüft. Da dies bestätigt wurde, konnte für die weiteren Berechnungen das Allgemeine Lineare Modell (ALM) mit Messwiederholung genutzt werden. Der Zugang zu beiden Verfahren geschah über den Mauchly-Test auf Sphärizität, um die Voraussetzung von homogenen Messzeitpunktvarianzen und Kovarianzen (Bühner & Ziegler, 2009) zu prüfen. Die drei Messzeitpunkte ergaben den Innersubjektfaktor. Die Gruppenvariable (VG/KG/NTG) bildete den Zwischensubjektfaktor. Somit konnten Haupteffekte für die Zeit und die Gruppe berechnet werden. Eine Interpretation erfolgte mit Hilfe von Wilks-Lambda (ein inverses Gütemaß), das auch deskriptiv interpretierbar ist (Backhaus & Weiber, 1989). Für die Darstellung der univariaten Werte wurde der Greenhouse-Geisser Korrekturfaktor herangezogen sowie mittels ALM der Interaktionseffekt Gruppe mal Zeit berechnet. Mit Hilfe des Interaktionseffekts lässt sich erkennen, ob sich die Gruppen über die Zeit unterschiedlich entwickelt haben, wobei sowohl multivariate als auch univariate Effekte geprüft wurden. Zusätzlich wurde als Post-hoc-Test der Test von Scheffé zur Signifikanztestung der Gruppen untereinander angewendet.

3.4.4 Qualitative Datenanalyse

Im Vergleich zu den USA, wo methodische Diskussionen sich hauptsächlich auf Beobachtungen als Methode der Datenerhebung stützen, stehen im deutschen Sprachraum offene Interviews im Vordergrund (Hoffmann-Riem, 1980; Hopf, 1978; Kohli, 1978). Dabei kommen in breitem Maße und mit größerer

---

14 Mittels SPSS wurden unter anderem der Altersmittelwert (inklusive Standardabweichung und Minimum bzw. Maximum) der $N = 29$ Probanden (deskriptive Statistik) und das prozentuale Verhältnis zwischen Frauen und Männern berechnet.

Aufmerksamkeit Leitfaden-Interviews zur Anwendung. Die Aufmerksamkeit wird von der Erwartung bestimmt, dass in der offenen Gestaltung der Interviewsituation die Sichtweise des Befragten besser zur Geltung kommt als in standardisierten Interviews oder Fragebögen (Kohli, 1978). Die Leitfaden-Interviews lassen sich in mehrere Typen unterscheiden: fokussierte Interviews, halbstandardisierte Interviews und problemzentrierte Interviews (Flick, 2000).

Für Interviews kennzeichnend ist, dass teils offen bzw. teils geschossen formulierte Fragen in Form eines Leitfadens in die Interviewsituation eingebracht werden, auf die der Interviewte dann frei antworten soll. Die restriktiven Vorgaben, wann, in welcher Reihenfolge und wie Themen zu behandeln sind, bewirken in standardisierten Interviews[15], dass sich die Sicht des Subjekts eher verstellt als öffnet. Aus diesem Grund ergeben sich im Leitfaden-Interview Vermittlungsprobleme zwischen den Vorgaben des Leitfadens und den Zielsetzungen der Fragestellung auf der einen und den Darstellungsweisen des Interviewpartners auf der anderen Seite. Der Interviewer muss entscheiden, wann er welche Frage stellt und ob eine Frage bereits passend beantwortet wurde oder gar wegfallen kann. Ebenso ist es dem Fingerspitzengefühl des Interviewers überlassen, wann detaillierter nachgefragt wird und wann ausholende Ausführungen des Interviewten unterstützt werden oder, ob und wann er bei Ausschweifungen zum Leitfaden zurückkehren sollte. Aufgrund der erwähnten Spielräume bei der Gestaltung des Interviews beim gleichzeitigen Versuch, bestimmte Themen in jedem Fall zu behandeln, wird auch der Begriff des teilstandardisierten Interviews verwendet. In solch einem Interview wird vom Interviewer ein großes Maß an Sensibilität für den konkreten Interviewverlauf gefordert. Zusätzlich wird ein großes Maß an Überblick über das bereits Gesagte und seine Relevanz für die Fragestellung der Untersuchung vorausgesetzt (Flick, 2000). Bei den durchzuführenden Interviews geht es bei der Beantwortung der Fragen um einen bestimmten Problemschwerpunkt. Von verschiedenen Autoren (Mayring, 2002; Witzel, 1982) wird daher das problemzentrierte leiden-fadenorientierte Interview empfohlen.

Die problemzentrierten Interviews wurden mit Hilfe halbstrukturierter Interviewleitfäden (s. Anhang 6 & 7) durchgeführt. Die Leitfadenfragen fokussieren sich auf die wesentlichen im theoretischen Teil aufgeführten Aspekte. Bei der Entwicklung wurde darauf geachtet, die Fragen möglichst offen zu formulieren. Jeder Leitfaden wurde anschließend in jeweils zwei Probeinterviews getestet, bevor er eingesetzt wurde. Der Leitfaden 1 für die Athleten der VG und KG umfasst sieben Fragen (s. Anhang 6). Die Athleten waren aufgefordert sich

---

[15] Siehe dazu Schnell, Hill und Esser (2008, S. 321-341).

dazu zu äußern, ob sie für sich einen Nutzen aus der sportpsychologischen Betreuung ziehen konnten und was sie positiv oder negativ empfanden. Weiterhin wurde nach einer subjektiv empfundenen Veränderung des Trainings- und Wettkampfverhaltens, der Motivation und der eigenen Sicht auf die Ursachenzuschreibung für Erfolg und Misserfolg innerhalb des Betreuungszeitraums gefragt. Zusätzlich mussten die Athleten Position dazu beziehen, ob sie eine kontinuierliche sportpsychologische Betreuung befürworten würden, in welchen Abständen und bei welchen Maßnahmen ihrer Meinung nach sportpsychologische Betreuung sinnvoll wäre. Abschließend wurde gefragt, welche Themen und Bereiche weitergeführt oder zusätzlich bearbeitet werden sollten.
Für die Befragung der Trainer der VG und KG kam ebenfalls ein halbstrukturierter Interviewleitfaden (Leitfaden 2, s. Anhang 7) zum Einsatz. Der Leitfaden 2 umfasste lediglich drei offen gehaltene Fragen. Es wurde die subjektive Beurteilung der sportpsychologischen Betreuung, als positiv und negativ empfundene Aspekte sowie der Standpunkt bezüglich einer weiteren Zusammenarbeit mit Sportpsychologen abgefragt.
Bei den Interviews wurde darauf geachtet, dass die Fragen zum Erzählen auffordern. Gleichzeitig stand es dem Interviewer frei Ad-hoc-Fragen zu stellen, wenn sie zum Erhalt des Gesprächsfadens oder für die Themenstellung bedeutsam waren. Die einzelnen Interviews sind mit Hilfe eines Tonträgers aufgezeichnet worden, um den Kommunikationsprozess authentisch zu erfassen (Witzel, 2000).
Die Interviews wurden zum einen in der Form „Face-to-Face" und zum anderen als Telefoninterview durchgeführt. Die Realisierung von Telefoninterviews ist akzeptiert, wenn 1.) soziale Hinweise keine Rolle spielen, 2.) Ressourcenknappheit (Zeit, Geld) besteht, 3.) die Probanden nicht anders zu erreichen sind, 4.) eine Standardisierung von geringer Bedeutung ist oder 5.) die Anonymität eine große Rolle spielt (Opdenakker, 2006).
Da die Studie deutschlandweit erhoben wurde und die durchschnittliche Interviewzeit bei 8 Minuten lag, wurde aus forschungsökonomischen Gründen teilweise auf ein „Face-to-Face"-Interview verzichtet. Im Hinblick auf die Standardisierung wurden Interviews vorab angekündigt und darauf geachtet, dass sich die Interviewpartner in einer für sie passenden Situation befanden und sich auf das Interview einstellen konnten. Somit wurde ein Mindestmaß an Standardisierung gewährleistet (ebd., 2006).
Alle durchgeführten Interviews wurden anschließend entsprechend der Transkriptonsregeln nach Klemm (1997) transkribiert und unter Anwendung einer qualitativen Inhaltsanalyse nach Mayring (2008) ausgewertet. Im Rahmen der Inhaltsanalyse erfolgte die Zusammenfassung und Reduzierung der Einschät-

zungsdimensionen, die als Basis für die Entwicklung eines einheitlichen Kategoriensystems dienten. Durch die Formulierung von Ankerbeispielen wurde gewährleistet, dass eine Einteilung in die Kategorien objektiv erfolgte. Mit Hilfe der entwickelten Kategorien können die Interviews in Einheiten zerlegt werden und bilden damit die Grundlage für eine strukturierte Auswertung. Durch den an der Theorie orientierten Leitfaden des Interviews, grenzt sich der Inhalt bereits ein. Anhand der theoretischen Grundlagen wurden die Auswertungskategorien bereits zu Beginn entwickelt (Schmidt, 1997). Formulierungen, die für die Analyse interessant sind, wurden generalisiert.[16] Aussagen mit identischer Bedeutung wurden entfernt, Verbleibende nach inhaltlicher Nähe gesammelt und zu einer Kategorie zusammengefasst. Abschließend erfolgte eine nochmalige Überprüfung der vorliegenden Transkriptionen (Mayring, 2008).

---

[16] Äußerungen der Interviewpartner, die keine inhaltliche Relevanz für den Erkenntnisprozess hatten, wurden nicht aufgeführt.

4 Ergebnisse der Interventionsstudie

In diesem Kapitel werden die quantitativen (Kap. 4.1) und die qualitativen (Kap. 4.2) Ergebnisse dargestellt. Abschließend erfolgt im Kapitel 4.3 die Beweisführung der aufgestellten Hypothesen aus Kapitel 2.7. An dieser Stelle wird darauf hingewiesen, dass für die eingesetzte Trainereinschätzung (s. Anhang 4) sowie das Trainingstagebuch (s. Anhang 5) keine Darstellung der Ergebnisse möglich ist. Einerseits war die Rücklaufquote (54% bzw. 33%) sehr gering und andererseits wurden beide Instrumente lückenhaft ausgefüllt. Im Kapitel 5 wird dieser Aspekt mit seinen Ursachen jedoch diskutiert.

4.1 Quantitative Ergebnisse

Zur Veranschaulichung der deskriptiven Statistik für die vorliegende Stichprobe werden in den folgenden vier Tabellen die Dimensionen Hoffnung auf Erfolg (*HE*), Furcht vor Misserfolg (*FM*), Nettohoffnung (*NH*) und Gesamtleistungsmotiv (*GLM*) zu jedem Messzeitpunkt (*MZP*) die Mittelwerte (*M*) sowie Standardabweichungen (*SD*) dargestellt. Dabei entspricht Gruppe 1 der VG, Gruppe 2 der KG und Gruppe 3 der NT-G.

Tab. 7. *Mittelwerte (M) und Standardabweichungen (SD) der Dimension HE.*

Zeitpunkt	Gruppe	M	SD
MZP 1	1	9,55	3,04
	2	8,33	3,31
	3	8,00	2,64
	Gesamt	8,59	2,96
MZP 2	1	9,11	4,59
	2	8,78	2,82
	3	7,73	2,83
	Gesamt	8,48	3,40
MZP 3	1	8,55	3,57
	2	9,89	2,62
	3	7,82	2,86
	Gesamt	8,67	3,05

Wie Tabelle 7 zeigt, liegen die Mittelwerte im Bereich von 7,73 bis 9,89 (*SD* = 2,62 bis 4,59). Dies bedeutet, dass die Komponente *HE* im mittleren Normbereich (7 bis 13) liegt und die Athleten sportliche Leistungssituationen überwiegend als positive Herausforderung wahrnehmen.

Ergebnisse der Interventionsstudie

Tab. 8. *Mittelwerte (M) und Standardabweichungen (SD) der Dimension FM.*

Zeitpunkt	Gruppe	M	SD
MZP 1	1	4,67	2,45
	2	3,56	2,13
	3	2,91	2,38
	Gesamt	3,65	2,36
MZP 2	1	4,78	4,02
	2	3,89	2,62
	3	3,27	3,16
	Gesamt	3,93	3,25
MZP 3	1	3,89	3,51
	2	3,11	2,93
	3	2,54	2,25
	Gesamt	3,14	2,85

Für die Dimension *FM* bewegen sich die Mittelwerte in dem Bereich von 2 bis 5 (*SD* = 2,13 bis 4,02). Daraus lässt sich deuten, dass die Komponente *FM* ebenfalls im mittleren Normbereich (1 bis 7) liegt und ein möglicher Misserfolg die Schwimmer kaum beunruhigt (s. Tab. 8).

Tab. 9. *Mittelwerte (M) und Standardabweichungen (SD) der Nettohoffnung (NH).*

Zeitpunkt	Gruppe	M	SD
MZP 1	1	4,89	4,93
	2	4,78	4,29
	3	5,09	4,32
	Gesamt	4,93	4,35
MZP 2	1	4,33	5,74
	2	4,89	5,18
	3	4,45	4,97
	Gesamt	4,55	5,10
MZP 3	1	4,67	6,48
	2	6,78	4,87
	3	3,27	5,83
	Gesamt	4,79	5,75

Die Mittelwerte der *NH* (s. Tab. 9) bewegen sich in dem Bereich von 3,27 bis 6,78 (*SD* = 2,29 bis 4,48). Damit liegt auch die Dimension *NH* im mittleren Normbereich (0 bis 10). Demnach ist die Bilanz der beiden Werte *HE + FM* positiv; die Sportler sind erfolgsorientiert und stellen sich sportlichen Leistungssituationen.

Ergebnisse der Interventionsstudie

Tab. 10. *Mittelwerte (M) und Standardabweichungen (SD) des Gesamtleistungsmotivs (GLM).*

Zeitpunkt	Gruppe	M	SD
MZP 1	1	14,22	2,49
	2	11,89	3,55
	3	**10,90**	2,59
	Gesamt	12,24	3,12
MZP 2	1	13,89	6,45
	2	12,67	1,66
	3	11,00	3,38
	Gesamt	12,41	4,27
MZP 3	1	12,44	2,88
	2	13,00	2,70
	3	**10,36**	3,14
	Gesamt	11,83	3,06

Für das *GLM* liegen die Mittelwerte in der NT-G zum MZP I und MZP III (*M* = 10,90, *SD* = 2,59; *M* = 10,36, *SD* = 3,14) jeweils unterhalb des mittleren Normbereichs (7 bis 11). Abgesehen davon sind die übrigen Werte im mittleren Normbereich (11 bis 17) zu finden (s. Tab. 10).

Tab. 11. *Ergebnisse des Mauchly-Test auf Sphärizität.*

Innersubjekteffekt	Mauchly-W	df	p	Greenhouse-Geisser
HE	.996	2	.957	.996
FM	.785	2	.048	.823
NH	.838	2	.109	.860
GLM	.919	2	.349	.925

Im Rahmen der Berechnungen mit Hilfe des Mauchly-Test auf Sphärizität zeigt sich, dass für die Dimension *FM* eine Signifikanz vorliegt (s. Tab. 11).
Da die erwähnte Signifikanz auf die weiteren Ergebnisse keinen Einfluss hat, werden im Folgenden die multivariaten Ergebnisse dargestellt. Multivariat ergibt sich kein Effekt zwischen den Subjekten für die Gruppe ($F_{(6,48)}$ = 1.17. p = .338. η^2 = .128), den Subjekten untereinander für den Messzeitpunkt ($F_{(5,22)}$ = 1.53. p = .222. η^2 = .258) und Messzeitpunkt x Gruppe ($F_{(10,44)}$ = .565. p = .833. η^2 = .114). Die Betrachtung der multivariaten Ergebnisse der Innersubjekteffekte zeigte ebenfalls keinen Effekt für den Messzeitpunkt ($F_{(6,100)}$ = .855. p = .531. η^2 = .049) und für den Messzeitpunkt x Gruppe ($F_{(12, 132,57)}$ = .564. p = .867. η^2 = .043). Aus der Tabelle 12 sind die univariaten Werte zu entnehmen.

Ergebnisse der Interventionsstudie

Tab. 12. *Ergebnisse der univariaten Tests.*

Quelle	Mass	df	F	p	η^2
MZP	HE	1.99	.079	.924	.003
	FM	1.65	1.84	.177	.066
	NH	1.72	.086	.892	.003
	GLM	1.85	.428	.654	.016
MZP*Gruppe	HE	3.97	.932	.453	.067
	FM	3.30	.046	.991	.003
	NH	3.44	.728	.558	.053
	GLM	3.70	.806	.519	.058

Sowohl die multivariaten als auch die univariaten (s. Tab. 12) Ergebnisse zeigen keine signifikanten Veränderungen. Abschließend wurden mit Hilfe des Scheffé-Tests die drei Gruppen *Post-hoc* gegeneinander geprüft. Auch bei diesem Test zeigen sich keine signifikanten Unterschiede bei den Mittelwerten zwischen den einzelnen Gruppen.

Die quantitative Ergebnisdarstellung wird an dieser Stelle nicht weiter ausgeführt, da sich zeigt, dass sich in den Dimensionen *HE, FM, NH* und *GLM* der AMS-Sport zu allen drei MZP keine signifikanten Veränderungen ergeben haben.

4.2 Qualitative Ergebnisse

In den folgenden Kapiteln werden die geführten Interviews gesondert dargestellt. Zuerst erfolgt eine getrennte Betrachtung der Interviews mit den Athleten der VG und KG (Kap. 4.2.1). Den Abschluss dieses Kapitels bildet eine tabellarische Übersicht mit den prägnantesten Aussagen aus jeder Gruppe. Im Anschluss (Kap. 4.2.2) daran werden die Interviews mit den jeweiligen Trainern der VG und KG dargestellt. Zum besseren Verständnis und Lesefluss erfolgt die Ergebnispräsentation für beide Kapitel entlang der halbstrukturierten Interviewleitfäden (s. Anhang 6 & 7). Weiterhin ist zu erwähnen, dass die Athleten der VG und KG beispielsweise mit „Sportler 1-VG" bzw. „Sportler 1-KG" abgekürzt sind. Gleiches gilt für die Trainer der beiden Gruppen (z. B. Trainer 1-VG).

4.2.1 Ergebnisdarstellung der Sportlerinterviews

Versuchsgruppe

Eingangs wurden die Sportler aufgefordert rückblickend einzuschätzen, ob die sportpsychologische Betreuung positive Effekte oder sogar Veränderungen bewirkt hat. Acht Athleten empfanden die sportpsychologische Betreuung als positiv:

> ja ich würd schon sagen dass es was gebracht hat *(lacht)* (Sportler 1-VG, Z. 3)

Der gleiche Sportler schildert weiter, dass er sich besser konzentrieren und seine Ängste besser ausblenden kann (vgl. Sportler 1-VG, Z. 6-7). Ein anderer Sportler wird in seinen positiven Ausführungen noch konkreter:

> [...] definitiv hat sich was verändert mit dem umgang des druckes [...] ich kann besser mit dem druck umgehen den ich mir teilweise selbst aufgebaut habe vorher und dass ich den [...] sozusagen neutralisieren kann und da lockerer [...] werden [kann] [...] und auch definitiv mit der steuerung meines eigenen kopfes [...] wo ich sage dass [...] nicht die negativen gedanken im kopf wirken die kann ich [...] mittlerweile [...] auszublenden und sozusagen die positiven gedanken in den kopf [...] holen (Sportler 6-VG, Z. 6-13)

Die sportpsychologische Betreuung unterstützte die Athleten bei der Umbewertung von negativen Gedanken im Training (vgl. Sportler 7-VG, Z. 3-12) und in der unmittelbaren Wettkampfvorbereitung (vgl. Sportler 8-VG, Z. 3-11). Weiterhin konnten Veränderungen im Umgang mit der eigenen Selbstsicherheit festgestellt werden (vgl. Sportler 2-VG, Z. 22-25). Dem gegenüber äußert ein Sportler auch, dass gemessen am subjektiven Empfinden und am Erfolg beim Wettkampfhöhepunkt keine Veränderung durch die sportpsychologische Betreuung zu erkennen war. Auf ein Nachfragen des Interviewers hinsichtlich möglicher Gründe dafür gab der Sportler jedoch an:

> na ja keine ahnung aber - ich mein das einzige was ich gemacht hab dass ich vielleicht etwas konzentrierter war aber deswegen war ich trotzdem schlechter als letztes jahr (Sportler 3-VG, Z. 7-9)

Obwohl Athleten die sportpsychologische Betreuung als positiv empfanden, erfolgt auch eine kritische Betrachtung. So verweisen zwei Sportler darauf, dass der Betreuungszeitraum zu kurz war, um zum einen wirkliche Erfolge bzw. Nicht-Erfolge beurteilen zu können (vgl. Sportler 5-VG, Z. 5-6) und zum anderen, die Betreuung an den Wettkampfergebnissen messen zu können (vgl. Sportler 2-VG, Z. 3-17). Der dritte Athlet hingegen äußert zwar, dass er durch die Betreuung andere Denkweisen im Hinblick auf sein Umfeld erhalten hat, er sich jedoch aus sportlicher Sicht etwas anderes unter der Betreuung

Ergebnisse der Interventionsstudie

vorgestellt hat. Auf Nachfragen des Interviewers äußert sich der Sportler folgendermaßen:

> [...] dass er [sich] gezielter [...] in meinen trainingsprozess [...] integriert [...] viele aufnahmen [macht] wie ich mich verhalte [...] dass wir so was auswerten dass viele rennen von mir aufgenommen werden aber der zeitraum war jetzt richtig knapp also wir hatten ja einen wettkampf zur vorbereitung vor den deutschen meisterschaften – so was hab ich mir vorgestellt und dass man [...] sich renntaktiken anguckt oder - wie man sich im vorfeld verhält dass man das auch selber sieht und sich [...] ein urteil bildet [...] vielleicht [...] an der motivation so ein bisschen pushen irgendwie was anderes hatt[e] ich mir [...] vorgestellt [...] ich finde so was ruhiges eigentlich nicht so gut (Sportler 4-VG, Z. 18-28)

Da die Betreuung für die VG wesentlich intensiver war, wurde an dieser Stelle bei den Athleten Ad-hoc danach gefragt, ob die sportpsychologische Zusammenarbeit mehr Einfluss auf das Trainings- und/oder Wettkampfverhalten hatte als bei der KG. Es ist hier zu erkennen, dass es ganz unterschiedliche Einschätzungen der Schwimmer gibt. Fünf Sportler sehen einen deutlich höheren Einfluss auf das Trainingsverhalten als auf das Wettkampfverhalten:

> definitiv mehr auf das trainingsverhalten ich denke das [es] [...] auch viel wichtiger [ist] weil [...] wir trainieren in dem sinne 364 tage im jahr und nur [...] einen tag haben wir wettkampf [...] ich bin mir sicher mehr auf jeden fall auf das trainingsverhalten (Sportler 9-VG, Z. 15-18)

Lediglich ein Athlet empfand, dass die sportpsychologische Betreuung einen größeren Einfluss auf das Wettkampfverhalten hatte:

> mehr aufs wettkampfverhalten definitiv also im training hab ich [...] nicht so viel anders gemacht als vorher es hat halt wirklich im wettkampfverhalten die größte veränderung stattgefunden (Sportler 6-VG, Z. 16-18)

Als Besonderheit ist an dieser Stelle zu erwähnen, dass ein Schwimmer sowohl im Trainings- als auch im Wettkampfverhalten Änderungen wahrgenommen hat (vgl. Sportler 8-VG, Z. 16-21). Lediglich bei zwei Athletenaussagen bleibt Spielraum im Hinblick auf eine klare Positionierung:

> ja [...] bisschen zielmotivierter bin ich geworden und auch entspannter (Sportler 1-VG, Z. 15)

> ich würde sagen es war [...] ein verhältnis 70 zu 30 70 was außerhalb vom schwimmen war und 30 Prozent was mit dem schwimmen zu tun hatte würde ich jetzt sagen (Sportler 4-VG, Z. 37-39)

Weiterhin ist hervorzuheben, dass die Athleten zwar Veränderungen im Trainingsverhalten wahrgenommen haben, jedoch damit nur der Grundstein für eine Veränderung im Wettkampfverhalten gelegt werden konnte (vgl. Sportler 5-VG, Z. 12-14), und dass erarbeitete Fortschritte im Training noch nicht innerhalb des Betreuungszeitraums vollkommen umsetzbar waren:

> [...] ich konnte es im training relativ gut umsetzen und im wettkampf war ich dann darauf konzentriert eben gut zu schwimmen und da war alles das was ich gesagt bekommen habe [...] eigentlich weg also ich konnte das nicht abrufen was ich gesagt bekommen habe (Sportler 2-VG, Z. 30-33)

Im Bereich der Motivation sahen insgesamt sechs Schwimmer die sportpsychologische Betreuung innerhalb der Vorbereitung auf den Saisonhöhepunkt als Unterstützung an:

> [...] meine motivation [war] am beginn des ganzen [...] ziemlich im keller [...] weil natürlich die erfolge nicht so richtig gepasst hatten wie ich sie mir erhofft hätte sicher auch krankheitsbedingt vorher aber auch so muss ich sagen dass [es] [...] definitiv klar hoch gehalten [wurde] von anfang bis dann zu den meisterschaften die 200 delphin das war dann das optimum *(schmunzelt)* (Sportler 6-VG, Z. 24-29)

> [...] ich denke mal das konnte [die motivation] [...] schon unterstützen [...] weil ich vorher eigentlich nicht so viel selbstvertrauen hatte und danach eigentlich [...] ich mir viel mehr zugetraut [hab] ich hab einfach vorm rennen viel mehr selbstbewusstsein und [...] keine zweifel mehr das hab ich dadurch eigentlich gelernt (Sportler 8-VG, Z. 27-31)

Wiederum empfand ein Athlet, dass die Motivation während des Betreuungszeitraums gleich geblieben ist (vgl. Sportler 1-VG, Z. 37) während ein anderer Sportler seine Motivation bereits als sehr hoch einschätzt, aber dennoch die Betreuung als unterstützend empfand (vgl. Sportler 9-VG, Z. 22-23). Lediglich ein Schwimmer sieht aufgrund vieler Veränderungen im eigenen Umfeld und zeitweiliger Probleme mit der eigenen Einstellung im Trainingsjahr keine Vergleichsmöglichkeit und kann daher schwer urteilen, ob die sportpsychologische Betreuung wirklich unterstützend bei der eigenen Motivation gewirkt hat (vgl. Sportler 3-VG, Z. 21-28).

Auf die Nachfrage nach möglichen Veränderungen im Bereich der Ursachenzuschreibungen geben lediglich drei Athleten an, dass es schwer zu werten ist, ob sich eine Veränderung in der Zeit eingestellt hat (vgl. Sportler 9-VG, Z. 27-33; Sportler 5-VG, Z. 25-26) und merkten an, dass der Bereich im Betreuungszeitraum nur „angetastet" wurde (vgl. Sportler 2-VG, Z. 53). Eine eindeutige Antwort war nicht möglich, da der Sportler 2-VG schwer Vertrauen zu neuen Personen aufbaut und der Betreuungszeitraum damit zu kurz war, um sich dem Sportpsychologen weiter bzw. ganz zu öffnen (vgl. Sportler 2-VG, Z. 44-51). Es wird an dieser Stelle jedoch von Sportler 9-VG betont, dass es von Vorteil ist mit anderen Personen über sich selbst zu reden, um zu neuen bzw. anderen Erkenntnissen zu kommen:

> das [...] kann ich jetzt nicht sagen ob sich's verändert hat [...] aber es ist immer von vorteil wenn man mit anderen leuten über einen spricht und die zwölf sitzungen waren ja auch für mich [...] immer [...] relativ anstrengend wenn ich über mich selber reden muss weil man ja vor allem zu erkenntnissen kommt die man vorher nicht so bewusst oder nicht so bedacht hätte (Sportler 9-VG, Z. 27-33)

Grundsätzlich haben die anderen Athleten eine positive Veränderung in ihrer Ursachenzuschreibung bemerkt:

> ja auf jeden fall - also ich hab dann [...] auch nur mit *[Name entfernt]* gesprochen wenn was nicht so optimal lief und woran es liegen könnte und das hab ich eigentlich früher nicht so gemacht ich hab einfach nur gesagt es war schlecht aber ich muss auch mal danach erstmal gucken woran es gelegen hat und das hab ich früher eigentlich nie gemacht da hab ich immer gesagt jetzt war's schlecht und [es] ist halt so aber jetzt haben wir auch mal gesucht was überhaupt die ursachen dafür sind und ob es überhaupt besser ging wenn's nicht so gut war (Sportler 8-VG, Z. 35-42)

> [...] wenn ich misserfolg hab weiß ich jetzt wie ich damit umgehen muss [...] dass ich das ausblenden kann und mich [...] aufs neue für den nächsten start konzentrieren kann (Sportler 1-VG, Z. 22-24)

und empfanden es sogar als eine Erfolgssteigerung:

> [...] mein erfolg hat sich dadurch gesteigert würd ich sagen (Sportler 1-VG, Z. 27)

bzw. wurde im Vorfeld der Deutschen Meisterschaften klar herausgestellt was beeinflussende Faktoren auf die Leistung sind:

> was *[Name entfernt]* mir da mit gezeigt [...] dass ich [...] bisher an mir [im vorfeld] so gezweifelt [hab] [...] das[s] hat man eigentlich recht gut verdrängen können durch die arbeit [...] dass der zweifel im vorfeld der meisterschaften verschwindet (Sportler 4-VG, Z. 61-64)

Im Gespräch sollten die Schwimmer ebenfalls Stellung dazu beziehen, ob sie eine kontinuierliche sportpsychologische Betreuung befürworten würden und wie diese aussehen könnte. Besonders hervorzuheben ist an dieser Stelle, dass sich alle Athleten positiv äußerten. Lediglich ein Sportler gab an, dass er sportpsychologische Betreuung nicht fortsetzen möchte (vgl. Sportler 3-VG, Z. 45). Alle Übrigen befürworten die Betreuung und zeigten alle den Willen weiterhin an einer Betreuung teilzunehmen:

> ja - würde ich befürworten (Sportler 2-VG, Z. 56)

> [...] ich würde das definitiv weiter machen kontinuierlich weil ich es [als] keine schlechte sache finde weil es bringt schon [einen] [...] vorteil weil [...] nur alleine [...] hat [man] [...] immer mal [einen] [...] misserfolg und allein ist immer ein bisschen blöd und wenn man drüber reden kann [...] find ich [ist es eine] [...] bessere sache und diese eine stunde pro woche naja vielleicht anderthalb stunden pro woche [...] da kann man auch viel machen das wäre völlig ausreichend [...] (Sportler 6-VG, Z. 50-56)

Allerdings haben die Sportler zum zeitlichen Abstand zwischen den Sitzungen unterschiedliche Meinungen. So reicht die Zeitspanne für die sportpsychologische Betreuung von einer Stunde einmal die Woche bis hin zu alle zwei (vgl. Sportler 1-VG, Z. 30-32) bzw. drei Wochen (vgl. Sportler 7-VG, Z. 50-55) oder sogar zu einmal im Monat (vgl. Sportler 4-VG, Z. 97-100). In diesem Zusammenhang wird auch von den Athleten Stellung dazu bezogen, wie sinnvoll es ist, Trainingslager und Lehrgänge in Begleitung eines Sportpsychologen zu absolvieren:

> [...] ich würde schon sagen es wäre [sinnvoll] zumindest wirklich wöchentlich so die ein bis anderthalb stunden zu machen im trainingslager hat natürlich der vorteil man hat [...] keinen schulstress dann kann ich mich [...] ein bisschen mehr damit befassen dann kann das schon öfter sein wenn's möglich ist weil dann kann man [...] noch ein bisschen was anderes ausprobieren und kann man das so auf drei tage mal [eine] [...] stunde schon verbessern aber so wenn's [...] in der woche geplant werden muss muss man [...] sehn passt das alles rein aber die anderthalb stunde in der woche die wären schon sehr gut also ich würde das definitiv so weitermachen (Sportler 6-VG, Z. 61-70)

> [...] im trainingslager denke ich ist das sehr gut weil du dann natürlich immer auch den mentaltrainer sofort vor augen hast wenn er dann die ganze zeit auch da rumläuft [...] (Sportler 9-VG, Z. 64-66)

Zwei Athleten gehen an dieser Stelle sogar noch weiter ins Detail. So wird geschildert wie sich der Sportpsychologe im Trainingslager verhalten sollte:

> [...] dass jemand mit ins trainingslager fährt ist eigentlich gut aber ich finde ein sportpsychologe müsste sich immer im hintergrund halten [...] und mit [dem] [...] du dann ganz in ruhe alles auswertest ohne dass jemand weiß überhaupt wer das ist oder [ich] finde [...] immer - dass da [eine] [...] intimität da ist (Sportler 4-VG, Z. 79-89)

Hier werden im Hinblick auf Intimität auch Bedenken darüber geäußert, dass der Sportpsychologe nur eine begrenzte Anzahl an Sportler betreuen und immer die gleiche Person vor Ort (Trainingslager, Heimtrainingsstätte) sein sollte:

> [...] es sollte schon einer sein der immer für einen da ist und nicht ein ständig wechselnder also es sollte wenn dann immer der gleiche sein [...] irgendwie finde ich es besser wenn jeder seinen eigenen hat oder zwei nur hingehen und nicht zehn oder zwölf [...] das würde ich besser finden (Sportler 2-VG, Z. 59-67)

Insgesamt zeigt sich, dass die Athleten grundsätzlich eine Implementierung der sportpsychologischen Betreuung in den Trainingsprozess befürworten. Dies verdeutlichen die positiven Meinungen zur Begleitung von Trainingslagern durch den Sportpsychologen, sowie die folgende Aussage:

> [...] am wettkampf würd ich glaub ich keinen so richtig an mich ran lassen und so bin ich halt [...] weil ich da meine eigenen dinge hab schon seit jahren seit ich [...] klein bin ja aber [...] im training hat es mir schon [...] gezeigt wie ich [...] mehr rausholen kann aus gewissen dingen (Sportler 7-VG, Z. 50-55)

Gleichzeitig wird aber aufgezeigt, dass sportpsychologische Betreuung schwer vereinbar neben dem Trainings- und schulischen bzw. beruflichen Alltag ist (vgl. Sportler 8-VG, Z. 46-51; Sportler 9-VG, 49-60).

Im Hinblick auf die Dauer der hier beschriebenen Studie und damit auf den interpretierbaren Betreuungszeitraum formuliert ein Athlet ganz klar, dass es für eine endgültige Einschätzung noch zu früh ist:

> ja [...] ich denke mal wir sind ja WENN erst am anfang und ich denke so [eine] [...] arbeit kann man vielleicht nach [einem] [...] jahr frühstens eventuell feststellen ob es was gebracht hat weil wir hatten jetzt nur [eine] [...] kurze eingewöhnungsphase und waren dann eigentlich mittendrin und hatten einen wettkampf in der vorbereitung also es ging recht schnell und [...] meiner meinung nach würde ich *[Name entfernt]* [...] auch noch zeit geben da viel mehr zu machen (Sportler 4-VG, Z. 68-74)

Zum Abschluss der Interviews wurde die Frage thematisiert ob und welche weiteren Bereiche innerhalb der sportpsychologischen Betreuung individuell wünschenswert gewesen wären.

> also es wurde alles abgedeckt und ich wüsste nicht was man da besser machen kann (Sportler 1-VG, Z. 38-39)

Gleichzeitig empfanden die Athleten den Betreuungszeitraum insgesamt als zu kurz (vgl. Sportler 2-VG, Z. 72-75), um intensiv arbeiten zu können. Daher sind für die Sportler zwar alle Bereiche abgedeckt worden, doch musste eben auch auf Vertiefung mancher Thematiken verzichtet werden:

> [...] man muss auch sagen das war ja [eine] [...] relativ komprimierte zeit [hatten] [...] eigentlich [...] [haben wir] alles was wir uns vorgenommen haben auch geschafft sicher gibt's hier und da noch feinheiten die man vielleicht noch verbessern könnte aber dazu fehlt [...] auch die zeit [...] ich würde schon sagen wenn man das jetzt kontinuierlich macht kann man an der ecke [...] hier und da noch feilen (Sportler 6-VG, Z. 74-82)

Neben dem Zeitfaktor führt ein Sportler auch an, dass es für ihn Dinge (z. B. ein Aufwärmprogramm) gab, welche nicht so recht gepasst haben bzw. er für nicht so sinnvoll hielt (vgl. Sportler 3-VG, Z. 57-65). Ein weiterer Athlet schildert ebenso, dass es für ihn ungewohnt war sich seine Stärken regelmäßig vor Augen zu führen (vgl. Sportler 4-VG, Z. 117-120). Ein weiterer Aspekt wird von einem Schwimmer aufgegriffen, indem er das Verhältnis Trainer-Athlet-Sportpsychologe anspricht:

Ergebnisse der Interventionsstudie

> [...] ich würd vielleicht sagen dass man dieses verhältnis zwischen trainer und sportler und psychologe nicht so sehr auseinanderziehen sollte [...] man sollte den trainer mehr einbeziehen würd ich sagen weil [...] ich konnte jetzt nicht so [eine] [...] bindung aufbauen zu ihm sozusagen dass das vielleicht dadurch ein bisschen gestärkt oder gestützt wird (Sportler 5-VG, Z. 49-54)

Es lässt sich festhalten, dass die sportpsychologische Betreuung von allen Athleten der VG positiv bis sehr positiv aufgenommen wurde.

Kontrollgruppe

Bei der Betrachtung der KG ist ebenfalls ein positives Fazit zur sportpsychologischen Betreuung zu erkennen, jedoch fallen die Antworten wesentlich undifferenzierter aus:

> ja also schon ein bisschen [...] es müsste intensiver sein und [...] [es] war jetzt nicht so viel zeit dafür da [um] das regelmäßig zu machen (Sportler 8-KG, Z. 4-6)

In diesem Zusammenhang äußern die Athleten, dass zu wenig Zeit zur Verfügung stand, die Gruppen zu groß waren und die Abstände zwischen den Sitzungen zu weit auseinander lagen:

> [...] diese einzelnen sitzungen die wir hier hatten waren schon ganz gut und man hat auch viel erfahren das problem war [...] einfach dass die zu weit auseinander waren dass das so relativ unregelmäßig war weil wir das ja nur alle paar wochen hatten und dann ging viel wieder verloren von dem was man da erfahren hat (Sportler 1-KG, Z. 3-7)

> [...] so ziemlich alles also man hat ja über alles [...] einmal was erfahren und das war auch gut so aber dann hat man sich [...] nicht so wirklich weiter damit beschäftigt weil als man sich dann das nächste mal gesehen hat das war dann drei wochen danach da hat man sich nicht so wirklich dran erinnert und dann hat man auch schon wieder ein ganz neues thema behandelt hier in diesen sitzungen (Sportler 1-KG, Z. 11-17)

> ja ich würd sagen [...] es war [...] mal was anderes und man hat [...] neue eindrücke gewonnen und [...] vielleicht war die gruppe etwas zu groß in meinem fall weil wir [...] drei waren aber sonst [...] wir waren [...] ein bisschen zu theoretisch weil wir [...] durch die große gruppe konnten wir [...] nicht so in die tiefe gehen [...] (Sportler 2-KG, Z. 3-7)

Trotz der aufgeführten Kritikpunkte stellten die Athleten auch eigene positive Effekte in den Bereichen unmittelbare Wettkampfvorbereitung sowie im Verhalten während des Wettkampfes (vgl. Sportler 1-KG, Z. 22-28; Sportler 2-KG, Z. 16-19), in der kritischen Auseinandersetzung mit den eigenen Rennen (vgl. Sportler 6-KG, Z. 3-6), im Umgang mit Drucksituationen (vgl. Sportler 7-KG, Z. 12-13), bzw. Selbstregulation und Umbewertung negativer Gedanken (vgl. Sportler 9-KG, Z. 4-12) fest. Gleichzeitig äußert ein Athlet, der der sportpsychologischen Betreuung kritisch gegenübersteht, dass er einerseits mögliche

Effekte eher als minimal ansieht (vgl. Sportler 5-KG, Z. 3-4), andererseits aber einräumen muss, dass man sportpsychologische Techniken ausgiebiger üben müsste:

> [...] wir haben [...] immer nur die entspannung gemacht oder einmal hatten wir noch ein gespräch wo *[Name entfernt]* uns ein bisschen was erzählt hat über wettkampfvorbereitung und [...] das war natürlich schon interessant aber also es war jetzt für mich nicht wirklich was neues die entspannung ich hab da [...] meine schwierigkeiten mit wenn man sagt der arm wird schwer und warm und so dass der dann warm wird (*schmunzelt*) [...] das funktioniert bei mir irgendwie nicht [...] vielleicht muss ich's mehr üben oder [...] aber die paar mal die wir das gemacht haben glaub ich nicht dass die viel gebracht haben (Sportler 5-KG, Z. 7-15)

Im Bereich der Motivation fällt auf, dass die Athleten die Betreuungskonzepte als leicht unterstützend (vgl. Sportler 8-KG, Z. 42-44; Sportler 3-KG, Z. 35-36; Sportler 6-KG, Z. 16-17) bzw. sogar förderlich empfanden (Sportler 7-KG, Z. 22). Allerdings bleibt festzuhalten, dass diese vier Sportler die Ausnahme bilden. Die übrigen Athleten der KG konnten keine Änderung feststellen, sahen zusätzlich andere Gründe im Vordergrund oder hatten bisher mit der Motivation keine Probleme:

> ich glaub die wurde gleich gehalten [...] [man] hat [...] [eine] vorfreude auf die deutschen weil es ja eigentlich [meistens] der höhepunkt [...] ist und da denkt man [...] schon voraus [...] bei den anderen wettkämpfen [....] [in der] vorbereitung [guckt] man [...] [was] man so bei den deutschen erreichen kann (Sportler 2-KG, Z. 41-46)

> [...] ich finde [es] [...] immer gut [...] sachen zu hören und das motiviert mich in dem sinne vielleicht mehr dass ich merke [...] okay da kann man vielleicht mal was machen aber meine motivation ist eigentlich relativ hoch die ganze zeit also groß was verändert hat sich da nicht würde ich sagen (Sportler 4-KG, Z. 25-29)

> [...] mit [meiner] motivation hatt[e] ich eigentlich noch nie probleme (Sportler 5-KG, Z. 28)

> ist eigentlich [...] recht neutral geblieben weil bei misserfolgen rede ich dann immer mit meinem trainer und weiß was die gründe waren das hat jetzt nicht wirklich mit zu tun gehabt (Sportler 9-KG, Z. 32-34)

Im Hinblick auf mögliche Veränderungen im Bereich der Ursachenzuschreibungen lässt sich klar feststellen, dass die Athleten der KG zwar Informationen über Attributionen bekommen haben und in diesem Zusammenhang auch Dinge probiert

> [...] man hat mehr information darüber gewonnen weil wir hatten das [...] nicht so sehr besprochen was jetzt für den misserfolg und für den erfolg da ist also man wusste schon irgendwie das training [abläuft] oder wie man [...] die laune oder irgendwelche stresssituationen oder so [angeht] aber ansonsten man hat's [...] mehr bewusst gemacht mehr information darüber gekriegt und man hat auch neue aspekte [...] dazubekommen (Sportler 2-KG, Z. 58-64)

Ergebnisse der Interventionsstudie

bzw. dass die Schwimmer bestimmte Situationen bewusster wahrgenommen haben,

> [...] man hat [...] noch andere aspekte von der vorbereitung [...] erkannt und [...] von daher hat sich das schon ein bisschen geändert weil man einfach noch mehr [auf] dinge beachtet hat (Sportler 1-KG, Z. 45-47)

doch lässt sich ganz klar erkennen, dass die Athleten nur einen ersten groben Einblick erhalten haben. Es wird von einem Sportler zwar bestätigt, dass es ihm geholfen hat (vgl. Sportler 7-KG, Z. 47-50), jedoch stellen die anderen Athleten deutlich heraus, dass sich in diesem Bereich nichts geändert hat:

> da hat sich nicht so viel verändert (Sportler 4-KG, Z. 34)

> [da hat] sich jetzt nicht SO viel geändert also ist eher gleich geblieben (Sportler 6-KG, Z. 25)

> [...] *[Name entfernt]* hat mich selbst sagen lassen wenn ich gut bin [...] und wofür der erfolg ist [...] und hat [...] mir [...] nur bewusster gemacht [...] aber großartig verändert [hat sich] dadurch dann eigentlich nicht so viel (Sportler 8-KG, Z. 54-57)

Im Hinblick auf die Weiterführung der sportpsychologischen Betreuung ergab sich nur bei einem Athleten eine Ablehnung. Dies resultiert allerdings daraus, dass der Sportler bei sich aktuell keinen sportpsychologischen Bedarf sieht (vgl. Sportler 5-KG, Z. 42-46). Die restlichen Athleten der KG befürworten eine weitere Zusammenarbeit (z. B. vgl. Sportler 1-KG, Z. 62-63). Sie führen an, dass es ihnen geholfen hat mit einem Sportpsychologen regelmäßig zu kommunizieren:

> [...] ich würde mir das gut vorstellen können [...] wir haben das ja auch schon gesagt dass wir das projekt gern weiter machen können aber [...] [die] gruppe dürfte [...] nicht so groß sein man müsste [...] entweder ein einzelgespräch führen oder [...] ich würd[e] sagen das [es auch helfen] würd[e] [...] vorm wettkampf auch [...] die angst [...] zu überwinden [...] vorher irgendwie ein bisschen entspannung zu machen oder [...] darüber zu reden und [...] auch zwischen den trainings wenn man mal in stresssituationen ist oder nicht klarkommt mit dem trainer oder in der familie [...] dann hilft das eigentlich mal drüber zu reden (Sportler 2-KG, Z. 75-88)

An dieser Aussage ist deutlich zu erkennen, dass die Gruppensitzungen nur in einem gewissen Maße erfolgreich sind. Bereits innerhalb von wenigen Sitzungen stellte sich heraus, dass Einzelarbeit von den Athleten gewünscht wird. Gleichzeitig wurde bei den Sportlern das Interesse für das Feld der Sportpsychologie geweckt und gleichzeitig erkannt, dass die Sportpsychologie eine Leistungsreserve darstellt und ihnen helfen könnte:

> ja ich find schon dass das was bringen kann und es wichtig ist (Sportler 8-KG, Z. 60)

Ergebnisse der Interventionsstudie

Über die jeweiligen Abstände zwischen den Sitzungen fallen die Antworten individuell unterschiedlich aus:

> ich würde schon sagen dass man das auf jeden fall eine saison macht und dann [...] jede woche einmal sich treffen würde (Sportler 1-KG, Z. 62-63)

> ich würd sagen es kommt immer drauf an ich will jetzt nicht sagen wöchentlich wäre glaub ich zu oft weil man das überhaupt nicht hinkriegen würde aber monatlich ich würd[e] sagen irgendwie zweimal im monat oder so dass man sich da zusammensetzt und [...] falls [...] irgendwie was spezielles gerade gekommen ist mit dem stress oder [...] dazwischen nochmal extra wenn's dann gebraucht wird (Sportler 2-KG, Z. 91-96)

> [...] ja ich würde sie befürworten [...] weil ich denke dass es auf jedenfall was bringt wenn man sich mit der sache befasst [...] es muss jeder rausfinden für sich selber wie er das haben möchte und was er da trainieren möchte aber also für mich [...] ich [finde es] [...] sehr wichtig (Sportler 4-KG, Z. 40-46)

Weiterhin sind zwei besondere Aspekte hervorzuheben. So antwortete ein Athlet auf die Ad-hoc-Frage, ob ein Kontakt via Mail zu einem Sportpsychologen schon ein Anfang wäre, folgendermaßen:

> ja das wäre [...] ein anfang das wäre [...] besser als wenn man [...] darüber überhaupt nicht redet [als] wenn man das [...] in sich hineinfrisst aber ein persönliches gespräch ist natürlich besser aber es ist [...] nicht immer möglich (Sportler 2-KG, Z. 99-102)

Der andere herauszustellende Aspekt ist, dass das Bewusstsein dafür geschärft werden konnte, dass eine erfolgreiche sportpsychologische Arbeit in den Trainingsprozess mit eingebunden werden müsste:

> [...] ich würd auch sagen alle woche man kann schon [...] einen termin machen ich würde das schon ins normale training relativ stark einbinden (Sportler 4-KG, Z. 55-57)

Zusammenfassend lässt sich feststellen, dass die Athleten der KG, bis auf eine Ausnahme, weiteres Interesse an einer Zusammenarbeit mit Sportpsychologen zeigen. Die notwendigen Abstände zwischen den Sitzungen werden wie in der VG von einer Woche bis hin zu einmal im Monat sehr unterschiedlich beurteilt. Grundsätzlich wurde erreicht, dass die Schwimmer weiterhin an Sitzungen teilnehmen würden, um mehr zu erfahren (vgl. Sportler 6-KG, Z. 31-34).

Auf die abschließende Frage, ob alle Themen, welche Teil der Studie waren, abgedeckt wurden oder Bereiche offen geblieben sind, äußerten die Schwimmer Zufriedenheit mit den Sitzungen und den thematisierten Aspekten (vgl. Sportler 6-KG, Z. 44-46). Es wurde festgestellt, dass alles nur als Einführung anzusehen ist und daher die Erwartungen auch nicht so hoch waren:

> also für den einstieg [...] war ich zufrieden weil wir haben [...] eher langsam angefangen weil ich [...] vorher nicht wirklich was damit zu tun hatte und zur einführung war's ganz gut [...] (Sportler 6-KG, Z. 51-53)

Die Zusammenarbeit mit Sportpsychologen wurde als sinnvoll erachtet und ermöglichte das Reifen der Vorstellung in den Athleten, dass mit Hilfe der Sportpsychologie noch „etwas rauszuholen ist" (vgl. Sportler 5-KG, Z. 56-64). Ganz klar wurde jedoch erwähnt, dass die Anzahl der Sitzungen zu wenig war und an einigen Stellen die Zeit fehlte. Dies führte dazu, dass die Athleten an manchen Stellen nicht weiter in die Tiefe gehen und viele Bereiche zwar theoretisch jedoch nicht tiefgründig genug behandelt werden konnten:

> [...] wir waren [...] ziemlich theoretisch also [...] wir wussten [...] wie das so abläuft also mir fehlte die tiefe aber es war ja schon von vorn herein gesagt da wir [...] die große gruppe waren aber ansonsten fand ich's ganz gut (Sportler 2-KG, Z. 108-111)

> [...] ich weiß jetzt gerade nicht genau [...] wir hatten [...] jetzt nicht so viel zeit [...] und da wir [...] zu dritt in der gruppe waren konnte man vielleicht nicht genau alles so besprechen [...] man hätte vielleicht noch ein bisschen [...] tiefer gehen können wir haben [...] die themenbereiche immer [...] angesprochen aber wir sind nicht [...] ganz direkt [...] drauf eingegangen (Sportler 3-KG, Z. 66-72)

Ein Athlet gab an, dass er zwar nichts in der Zusammenarbeit vermisst habe (vgl. Sportler 8-KG, Z. 76), jedoch bestätigte er die Ad-hoc-Frage über mangelnde Kenntnis zum Bereich der Sportpsychologie (vgl. Sportler 8-KG, Z. 78). Sportler 9-KG (Z. 81-85) konnte mit seiner Antwort treffend herausstellen, dass er zwar etwas für das eigene Training mitgenommen hat, sich aber weitere Fragen erst im Laufe der Zeit ergeben.

Obwohl jede Aussage von jedem einzelnen Athleten individuell betrachtet werden muss, soll, zum Abschluss der Ergebnisdarstellung, Tabelle 13 noch einmal zusammenfassend die deutlichsten übereinstimmenden sowie unterschiedlichsten Aussagen der Schwimmer veranschaulichen.

Tab. 13. *Gegenüberstellung der Aussagen der VG und KG.*

Bereich	Versuchsgruppe	Kontrollgruppe
Unterstützung der sportpsychologischen Betreuung	definitiv ja weil es hat mich schon etwas in meinem verhalten beeinflusst also ich denke wenn ich es nicht gemacht hätte [hätte] [...] ich einige sachen anders gemacht (Sportler 9-VG, Z. 3-5)	ja also schon ein bisschen [...] es müsste intensiver sein und [...] [es] war jetzt nicht so viel zeit dafür da [um] das regelmäßig zu machen (Sportler 8-KG, Z. 4-6)
Motivation	[...] ich denke mal das konnte [die motivation] [...] schon unterstützen [...] weil ich vorher eigentlich nicht so viel selbstvertrauen hatte und danach eigentlich [...] ich mir viel mehr zugetraut [hab] ich hab einfach vorm rennen viel mehr selbstbewusstsein und [...] keine zweifel mehr das hab ich dadurch eigentlich gelernt (Sportler 8-VG, Z. 27-31)	[...] ich finde [es] [...] immer gut [...] sachen zu hören und das motiviert mich in dem sinne vielleicht mehr dass ich merke [...] okay da kann man vielleicht mal was machen aber meine motivation ist eigentlich relativ hoch die ganze zeit also groß was verändert hat sich da nicht würde ich sagen (Sportler 4-KG, Z. 25-29)
Ursachenzuschreibung	[...] wenn ich misserfolg hab weiß ich jetzt wie ich damit umgehen muss [...] dass ich das ausblenden kann und mich [...] aufs neue für den nächsten start konzentrieren kann (Sportler 1-VG, Z. 22-24)	[...] *[Name entfernt]* hat mich selbst sagen lassen wenn ich gut bin [...] und wofür der erfolg ist [...] und hat [...] mir [...] nur bewusster gemacht [...] aber großartig verändert [hat sich] dadurch dann eigentlich nicht so viel (Sportler 8-KG, Z. 54-57)
kontinuierliche Betreuung	[...] ich würde das definitiv weiter machen kontinuierlich weil ich es [als] keine schlechte sache finde weil es bringt schon [einen] [...] vorteil weil [...] nur alleine [...] hat [man] immer mal [einen] [...] misserfolg und allein ist immer ein bisschen blöd und wenn man drüber reden kann [...] find ich [ist es eine] [...] bessere sache und diese eine stunde pro woche naja vielleicht anderthalb stunden pro woche [...] da kann man auch viel machen das wäre völlig ausreichend [...] (Sportler 6-VG, Z. 50-56)	[...] ja ich würde sie befürworten [...] weil ich denke dass es auf jedenfall was bringt wenn man sich mit der sache befasst [...] es muss jeder rausfinden für sich selber wie er das haben möchte und was er da trainieren möchte aber also für mich [...] ich [finde es] [...] sehr wichtig (Sportler 4-KG, Z. 40-46)

sportpsychologische Themenbereiche	[...] ich würd sagen die zeit war einfach zu kurz [...] es wurden eigentlich alle bereiche mal angetastet die für mich ein problem sind aber man konnte nicht intensiv drauf eingehen weil es wirklich zu kurz war [...] (Sportler 2-VG, Z. 72-75)	[...] ich weiß jetzt gerade nicht genau [...] wir hatten [...] jetzt nicht so viel zeit [...] und da wir [...] zu dritt in der gruppe waren konnte man vielleicht nicht genau alles so besprechen [...] man hätte vielleicht noch ein bisschen [...] tiefer gehen können wir haben [...] die themenbereiche immer [...] angesprochen aber wir sind nicht [...] ganz direkt [...] drauf eingegangen (Sportler 3-KG, Z. 66-72)

4.2.2 Ergebnisdarstellung der Trainerinterviews

Für die Darstellung der Aussagen der Trainer erfolgte eine gemeinsame Betrachtung der Antworten, da den Trainern der VG als auch der KG die gleichen Fragen gestellt wurden.

Eingangs sollten alle Trainer die sportpsychologische Arbeit innerhalb des Studienzeitraums beurteilen. Es stellte sich heraus, dass alle Trainer die Arbeit als positiv empfanden und mit der Arbeit der Sportpsychologen zufrieden waren:

> [...] also es war schon ganz okay ich denke [...] gerade zuletzt was *[Name entfernt]* da vor dem wettkampf gemacht hat [...] [das hat] den athleten da nochmal ganz gut geholfen [...] also bei den athleten insgesamt ist das schon gut angekommen aber auch so dass sie sagen sie würden das gerne weitermachen (Trainer1-KG, Z. 6-17)

Sowohl der Zeitpunkt als auch das Konzept des sportpsychologischen Betreuungsprojekts wurden aus Sicht der Trainer richtig gewählt, was im Kontext der Studie als Erfolg eingestuft werden kann. Darüber hinaus bestätigte sich, dass eine Gesprächszeit von mindestens 30 bis 45 Minuten ausreichend ist, um etwas bewirken zu können (vgl. Trainer 4-VG, Z. 3-9). Die Zusammenarbeit zwischen Athleten, Trainern und Sportpsychologen hat im Rahmen der Studie insofern gut funktioniert, dass die Trainer in regelmäßigen Kontakt zu den Sportpsychologen standen und zusätzlich Offenheit gegenüber den Athleten gezeigt haben, wenn diese im Training sportpsychologische Verfahren angewendet haben:

> [...] ich [kann] das natürlich nicht beurteilen was da jetzt gelaufen ist und welche auswirkungen es hatte weil ich ja inhaltlich nicht immer involviert war – ansonsten es hat [den] trainingsablauf [...] nicht gestört in irgendeiner form – ich hab dann immer mit *[Name entfernt]* [...] den kontakt gehalten [und] hab mich soweit informieren lassen wann termine sind und hab dann auch immer *[Name entfernt]* und auch den sportlern gesagt wenn da jetzt irgendwas läuft in hinblick auf vor-

> bereitung von wettkämpfen oder von training also wenn sie irgendwelche verfahren anwenden sollten oder so dass sie mir das dann auch sagen sollen damit ich da nicht störe oder irgendwie kontraproduktiv einwirke und das hat eigentlich ganz gut funktioniert – ich sage mal soweit waren auch alle begeistert dabei [...] und ja ich weiß nicht ob [...] [alles] so richtig angekommen ist – also die mädels denke ich die waren alle begeistert (Trainer 3-KG, Z. 6-20)

Obwohl bei dieser ersten Frage der Studienzeitraum thematisiert wurde, nutzte ein Trainer an dieser Stelle die Gelegenheit sich grundsätzlich zum Bereich Sportpsychologie im DSV zu äußern. Aufgrund der Bedeutsamkeit dieser Aussagen wird dieses Zitat fast ungekürzt dargestellt:

> [...] die sportpsychologie [ist] [...] [eine] der größten leistungsreserven die es überhaupt gibt im hochleistungssport - das heißt ich würde mir wünschen dass die zusammenarbeit da in sachen sportpsychologie deutlich weiter ausgebaut wird wir haben jetzt ja mit dem projekt hier und davor hier im olympiastützpunkt das ein oder andere kleine projekt mit anderen sportpsychologen gehabt - das hat sich immer sehr bewährt - nicht bei allen aber bei vielen und auch im gespräch mit vielen anderen international erfahrenden trainern glaub ich daran dass die sportpsychologie einfach [eine] [...] riesengroße leistungsreserve ist und dass das noch zu wenig [...] professionell organisiert und gehandhabt wird und unter anderem auch nicht nur im saarländischen schwimmverband da liegt's unter anderem auch daran dass oft die finanziellen mittel nicht bereitgestellt werden können - am olympiastützpunkt gibt es oft zu große hürden bis man mittel freisetzen kann um dort wirklich systematisch sportpsychologisch arbeiten zu können und [...] ich meine dass auch dort zu spät begonnen wird [...] gestern noch [hatte ich] ein gespräch mit der französischen nationalmannschaft die unter anderem auch ihre erfolge der em 2010 darauf zurückführen weil ein systematisches arbeiten der sportpsychologie dort veranlasst worden ist und wir sehen das die in der weltspitze also in der europäischen spitze zumindestens sind und zur erweiterten weltspitze zumindest dazugehören und das ist im dsv noch lange nicht so und es ist auch so dass wir feststellen dass in anderen nationen also international damit schon lange lange gearbeitet wird und es gibt ganz professionelle strukturen dafür - und hier wird noch geforscht ob das überhaupt sinn macht - und das ist meines erachtens ganz schwierig weil [...] seit 2000 oder seit 1996 [...] andere nationen damit schon angefangen [haben und sie] sind [uns] zehn zwölf jahre [...] voraus und natürlich [arbeiten] wir [...] sehr systematisch [und] [...] sehr professionell in den verschiedenen spitzensportstrukturen - aber jetzt noch zu erforschen ob das überhaupt sinn macht das macht für mich keinen sinn sondern das macht für mich nur sinn mit [einer] [...] klaren struktur hier vorzugehen und die athleten ganz frühzeitig in solche projekte mit reinzunehmen und es müsste meines erachtens sogar fast schon für a b und c-kaderathleten zur pflichtmaßnahme gemacht werden - dass auf kld's oder auf lehrgängen dass auf gemeinsamen trainingslagern des dsv oder auch des lsv in kooperation dort sportpsychologisch gearbeitet wird - ganz wichtig (Trainer 2-KG, Z. 5-50)

Bezogen auf die von ihm betreuten Athleten sieht dieser Trainer innerhalb des Studienzeitraums Fortschritte in den Bereichen des Selbstvertrauens, im Umsetzen von Aufgaben im Training, im Annehmen von Herausforderungen sowie im Erkennen, dass die Sportpsychologie die Leistung optimieren kann. Gleichzeitig betont er aber auch, dass die Studie einen Athleten nicht weitergebracht hat, da er bereits Schwierigkeiten hat, trainingsinhaltliche Dinge entsprechend umzusetzen (vgl. Trainer 2-KG, Z. 53-112).

Als positiv wurde hervorgehoben, dass die Studie diejenigen Athleten, deren Leistungsniveau am weitesten von der bundesdeutschen Spitze entfernt liegt besonders unterstützt hat. Im Gegensatz dazu kommunizierte der Trainer, dass bei der Betreuung derjenigen Sportler, die zur deutschen Spitze gehören, deutlich mehr auf deren individuelle Ansprüche und Spezifika eingegangen werden muss, um zu vermeiden, dass sich gewisse Aspekte negativ auswirken (vgl. Trainer 4-VG, Z. 12-23). Es wird auch als Erfolg eingeschätzt, dass die Studie ein verstärktes Auseinandersetzen der Schwimmer mit dem Thema Sportpsychologie bewirkt hat. Im Einzelfall waren bei einem Athleten aus der Sicht des Trainers die Deutschen Meisterschaften der Zielwettkampf und dieser fiel bei diesem Athleten sehr schlecht aus. Dennoch wird das Ergebnis nicht auf die sportpsychologische Zusammenarbeit zurückgeführt, was an dieser Stelle sehr positiv anzumerken ist:

> positiv [...] dass die sportler sich mit dem thema auseinandergesetzt haben mentale vorbereitung mentales training - inwieweit sich das jetzt auf die leistung ausgewirkt hat kann ich nicht abschätzen – also ich glaube es gab erstmal [eine] [...] verunsicherung also ich MEINE es bemerkt zu haben besonders bei *[Name entfernt]* aber [...] das kann ich auch wenig belegen *(schmunzelt)* [...] ich sag mal bei *[Name entfernt]* war ja der zielwettkampf [...] die deutschen meisterschaften und die waren ja nun ausgesprochen schlecht das war also mit der schlechteste wettkampf der ganzen saison [...] – wenn das dann *(lacht)* das ergebnis ist [...] dann könnte man sagen okay das projekt ist gescheitert - aber das würde ich daran nicht festmachen (Trainer 3-KG, Z. 30-41)

Die explizite Frage, ob es negative Aspekte über die Zusammenarbeit mit den jeweiligen Sportpsychologen zu nennen gibt, wurde seitens der Trainer eindeutig negiert (vgl. Trainer 3-KG, Z. 43). Insgesamt waren alle Trainer mit der Arbeit zufrieden und hatten keine negativen Anmerkungen zu machen. Generell verlangt der Schwimmsport den Leistungsabruf an exakt einem Tag zu einem ganz bestimmten Moment, und genau an diesem Punkt kann die Sportpsychologie als große Leistungsreserve ansetzen und den Schwimmer dabei unterstützen sich zu organisieren, strukturieren und letztendlich zu fokussieren. Ein weiterer Schwerpunkt sportpsychologischer Betreuung ist der Umgang mit den eigenen Stärken und Schwächen sowie die persönliche Weiterentwicklung. All diese Themen konnten angerissen werden und weisen eindeutig Bedarf an einer konsequenten Weiterführung auf (vgl. Trainer 2-KG, Z. 120-154). Da sich im Schwimmsport die Entwicklung abzeichnet, dass unterschiedliche Athleten zunehmend untereinander vergleichbare Trainingseinheiten absolvieren, wird in der sportpsychologischen Betreuung der Schlüssel

Ergebnisse der Interventionsstudie

dazu gesehen, ob ein Athlet Erfolg oder absoluten Erfolg erreicht (vgl. Trainer 4-VG, Z. 26-40). In der Zusammenarbeit wird ganz genau darauf verwiesen, dass es essentiell für den Erfolg eines solchen Betreuungskonzepts ist, dass die Athleten genau äußern in welchen Bereichen sie Handlungsbedarf sehen. Das bedeutet, dass wichtige Impulse vom Sportler selbst kommen müssen. Ungeachtet dessen sehen die Trainer die Abstände in der Zusammenarbeit differenziert. Schwimmer, welche erstmalig mit dem Feld der Sportpsychologie in Berührung kommen, sollten in kürzeren Abständen Betreuung erfahren. Während für erfahrenere Athleten, ein monatlicher Turnus als ausreichend angesehen wird (vgl. Trainer 4-VG, Z. 54-61). In der Zusammenarbeit mit einem Sportpsychologen steht für die Trainer eine zielgerichtete und vor allem langfristige Betreuung im Vordergrund:

> schon einen hohen stellenwert *[gemeint ist Sportpsychologie]* [...] ich find das schon wichtig ich find aber dass das zielgerichtet sehr wichtig ist ich halte wenig davon [...] jetzt da wieder ein bisschen da wieder ein bisschen davon halte ich gar nichts ja weil ich da einfach auch schlechte erfahrungen gemacht [habe] und ich gehöre auch mit zu denen die in der olympiamannschaft peking waren [...] wo dann einfach [...] kurz davor als vorbereitung [...] plötzlich psychologen uns an die hand gestellt werden die die athleten nicht kennen oder die meisten halt nicht kennen davon halte ich gar nichts [...] aber [...] [eine] zielgerichtete betreuung im sinne einer langfristigkeit da halte ich viel von [...] ich denke dass [das] die leistung beeinflussen kann oder entscheiden kann (Trainer 1-KG, Z. 25-39)

Grundsätzlich sehen die Trainer eine trainingsbegleitende Zusammenarbeit mit dem Sportpsychologen als sinnvoll an. Es sollte ein Austausch darüber stattfinden, welcher Sportler eine Einzelbetreuung benötigt, wobei der Trainer auch den Bedarf an Gruppensitzungen anmelden können muss. Dabei wird betont, dass sportpsychologische Verfahren und Techniken in Rücksprache mit dem Trainer gezielt in bestimmten Trainingsphasen zum Einsatz kommen sollten (vgl. Trainer 1-KG, Z. 45-62). Weiterhin wird begrüßt, dass innerhalb des Verbandes ein Konzept entsteht, welches gewährleistet, dass der Sportpsychologe überwiegend mit den gleichen Athleten zusammenarbeiten kann und ständige Wechsel damit minimiert werden (vgl. Trainer 3-KG, 69-76). In diesem Zusammenhang wird die bisherige Vorgehensweise des Verbandes, Sportpsychologen nur vor oder zu Großereignissen bzw. Lehrgängen einzusetzen, kritisiert. Vielmehr wird nochmals der Wunsch nach einer Systematik und Langfristigkeit betont:

> [...] also nur höhepunkte so wie es bisher lief halte ich für sinnlos – also es muss vorbereitet werden und das möglichst auch im heimtraining und nicht nur auf dsv lehrgängen – also man müsste schon in die vereine gehen oder zumindest in die stützpunkte [...] und da [eine] [...] regelmäßige betreuung machen (Trainer 3-KG, Z. 60-64)

Demgegenüber steht aber auch die Meinung, dass ein Psychologe grundsätzlich bei Vorbereitungslehrgängen sowie Großereignissen mit vor Ort sein sollte. Wie bereits angedeutet, sollte es an dieser Stelle ein und dieselbe Person sein, damit die Athleten den Sportpsychologen kennen und Bereitschaft für eine Zusammenarbeit vorhanden ist – auch in kurzfristigen (Not-)Fällen:

> [...] immer ganz wichtig [...] bei solchen maßnahmen halte ich das für notwendig absolut notwendig und insbesondere auch dann in den einzelnen vorbereitungstrainingslagern muss immer jemand [...] vorort sein der diese dinge [...] mit den athleten bearbeitet (Trainer 2-KG, Z. 199-202)

Da alle Trainer eine weitere Zusammenarbeit befürworten, kann die Äußerung eines Trainers Hinweise zu einem möglichen Konzept liefern:

> [...] ich [würde] mir wünschen dass wir am stützpunkt selbst [...] an den verschiedenen trainingsstützpunkten [...] [es] eine möglichkeit [gäbe] professionell sportpsychologische arbeit in anspruch zu nehmen - ich würde mir allerdings auch wünschen dass das ganze versucht wird systematisch zu gliedern also das heißt dass es ein netz von sportpsychologen gibt die für den dsv arbeiten und die systematisch dort in bestimmten inhalten dann vorgehen also dass es dort absprachen gibt sodass [...] der heimpsychologe sag ich mal von [einem] [...] c-kader mädchen oder [...] [einem] b-kader mädchen oder [einem] [...] jungen weiß bestimmte inhalte werden hier behandelt und der dsv psychologe ist jederzeit informiert darüber wie der sachstand ist oder wie es da voran geht [....] bei komplexen leistungsdiagnostiken [...] da gibt's ja gar keine sportpsychologie [...] da würde ich mir wünschen dass das eben auch ein teil der ausbildung ist und dass dort eben dann diese themen vertieft werden oder dass dort weiter systematisch gearbeitet wird und wenn ich aber sehe [...] welchen großen zeitaufwand das bedeutet den man da betreiben muss wenn man das tatsächlich richtig professionell machen will dann bedeutet das auch gleichzeitig dass die athleten im [...] trainingslagern und in lehrgängen weiter geschult werden müssen nur [...] es wird wahrscheinlich nicht sinn machen wenn dann jeder seinen heimpsychologen mitbringt - das würde vielleicht [...] sinn machen wenn's dann [...] um die letzten zwei jahre der olympiavorbereitung geht und ich habe kandidaten wo ich weiß dass die eventuell in einem finale dann auch um die medaillen mitkämpfen können dann muss das eventuell so aufstellen können das[s] [es für das] sportpsychologenteam [...] auch [eine] [..] bindung gibt zum athleten - allerdings wenn man mal zwei oder drei wochen unterwegs ist dann sollte man das auch hinbekommen dass man bestimmte themenbereiche auch mit jemand anders bearbeiten kann wenn's da [eine] [...] systematischen vorgang und [eine] [...] systematische zusammenarbeit gibt zwischen den einzelnen sportpsychologen an den stützpunkten und im dsv (Trainer 2-KG, Z. 160-195)

Zusammenfassend kommunizierten die Trainer über die Zusammenarbeit nur Positives und konnten keine negativen Aspekte nennen. Alle Trainer sind an einer weiterführenden Kooperation interessiert und begrüßen eine weitere Verankerung der Sportpsychologie innerhalb des Verbandes unter den Gesichtspunkten der Systematik, Langfristigkeit sowie Implementierung in den Trainingsprozess. Gleichzeitig sehen die Befragten Handlungsbedarf in der

Umsetzung dieser Forderung und stehen einer konzeptionellen Entwicklung befürwortend gegenüber.

4.3 Prüfung der Hypothesen

Der folgende Abschnitt beinhaltet den Nachweis der aufgestellten Hypothesen. Zur besseren Übersicht wird jede Hypothese einzeln betrachtet und ausgewertet.

Hypothese 1:

Eine systematische sportpsychologische Betreuung bewirkt eine signifikant positive Veränderung in den Dimensionen des Leistungsmotivs (AMS-Sport) zugunsten der Versuchsgruppe im Vergleich zur Kontrollgruppe sowie No-Treatment-Gruppe.

Das Leistungsmotiv bestehend aus den beiden Persönlichkeitsdispositionen *HE* und *FM* wurde mit Hilfe der AMS-Sport (Elbe et al., 2005a) an drei MZP erfasst. Es zeigte sich beim Vergleich von MZP zu MZP, dass über den Betreuungszeitraum von zwölf Wochen die VG keine signifikanten Veränderungen der Leistungsmotivdimensionen aufwies. Auch der Vergleich der VG mit der KG und NT-G wies ebenfalls keine signifikanten Unterschiede (s. Kap. 4.1). Grundsätzlich zeigt keine Gruppe eine signifikante Veränderung des Leistungsmotivs somit wird Hypothese 1 abgelehnt.

Hypothese 2:

Die Ursachenzuschreibungen erfolgen nach den Interventionen bei den Athleten der Versuchsgruppe bewusster und funktionaler als in der Kontrollgruppe.

Die VG bestand aus neun Schwimmern. Von diesen neun Athleten äußern drei Sportler, dass der Bereich der Ursachenzuschreibungen „angetastet" wurde, jedoch der Betreuungszeitraum zu kurz war für eine eindeutige Positionierung. Die restlichen sechs Schwimmer empfanden alle eine positive Veränderung im Bereich der Ursachenzuschreibungen. So wurde unter anderem angeführt, dass die Athleten sich nun ihren Misserfolg besser erklären können (vgl. Sportler 8-VG, Z. 35-42) und gleichzeitig wurde eine subjektive Erfolgssteigerung wahrgenommen (vgl. Sportler 1-VG, Z. 27). Im Vergleich zur KG, wo eindeutige Aussagen wie: die erhaltenen Informationen haben nur dazu beigetragen Dinge bewusster wahrzunehmen (vgl. Sportler 1-KG, Z. 45-47) oder aber es hat sich gar nichts verändert (vgl. Sportler 6-KG, Z. 25) gefallen sind, zeigt sich, dass die intensivere sportpsychologische Betreuung der Schwimmer der VG eine deutlich positivere Veränderung im Bereich Ursachenzuschreibungen bewirkt hat (s. Kap. 4.2.1). Die Hypothese 2 kann daher bestätigt werden.

Hypothese 3:

Die sportpsychologischen Interventionen bewirken bei der Versuchsgruppe eine bewusste Veränderung der subjektiven Wahrnehmung von Emotionen in Drucksituationen.

Die Ergebnisse der Interviews verdeutlichen, dass sich die sportpsychologische Betreuung positiv auf die Konzentrationsfähigkeit und die Bewältigung von Ängsten der Athleten auswirkte (vgl. Sportler 1-VG, Z. 6-7). Weiterhin haben die Schwimmer im Betreuungszeitraum gelernt, mit stressbedingtem Druck umzugehen und negative Gedanken umzuformulieren (Sportler 6-VG, Z. 6-13). Hinzu kommen subjektiv empfundene positive Veränderungen in der unmittelbaren Wettkampfvorbereitung (vgl. Sportler 8-VG, Z. 3-11) und bei der Stabilisierung des eigenen Selbstvertrauens (vgl. Sportler 2-VG, Z. 22-25). Der Vergleich zur KG zeigt jedoch, dass auch in dieser Gruppe positive Effekte in den Bereichen unmittelbare Wettkampfvorbereitung und im Wettkampfverhalten (vgl. Sportler 1-KG, Z. 22-28; Sportler 2-KG, Z. 16-19) zu erkennen sind. Weiterhin stellten auch hier die Athleten positive Veränderungen im Umgang mit Drucksituationen (vgl. Sportler 7-KG, Z. 12-13), der Selbstregulation und Umbewertung negativer Gedanken (vgl. Sportler 9-KG, Z. 4-12) fest (s. Kap. 4.2.1). Obwohl auch in der KG der gewünschte Effekt eingetreten ist, kann im Sinne der Formulierung dieser Hypothese von positiven Effekten durch das Stressimpfungstraining und das Zielsetzungstraining für die VG gesprochen und damit die Hypothese angenommen werden.

Ergebnisse der Interventionsstudie

Hypothese 4:

Eine systematische Betreuung wird sowohl von den Athleten und Trainern der Versuchs- als auch Kontrollgruppe gewünscht.

Die Antworten der Athleten sowie Trainer aus der VG und KG zeigen, dass eine sportpsychologische Betreuung begleitend zum Trainingsprozess (vgl. Sportler 6-VG, Z. 50-56; Sportler 2-KG, Z. 75-88; Trainer 1-KG, Z. 25-39) aber auch zu Lehrgängen und Trainingslagern (Sportler 9-VG, Z. 64-66) befürwortet wird (s. Kap. 4.2.1 & 4.2.2). Anhand dieser Aussagen kann auch Hypothese 4 bestätigt werden.

5 Diskussion

Der kommende Abschnitt gliedert sich folgendermaßen auf: In Kapitel 5.1 werden das methodische Vorgehen sowie die Rahmenbedingungen für die Pilotstudie kritisch betrachtet. Zur besseren Übersicht, wird wie bereits im Kapitel 4 an der strukturellen Gliederung festgehalten und es erfolgt eine getrennte Diskussion der quantitativen (Kap. 5.2) sowie der qualitativen Ergebnisse (Kap. 5.3).

5.1 Methodisches Vorgehen

Die Grundidee für die durchgeführte Pilotstudie basiert vorrangig auf den Ergebnissen aus der von Stoll et al. (2010) erarbeiteten sportpsychologischen Expertise für die Fachsparte Schwimmen. Gleichzeitig muss der folgenden Diskussion zu den Rahmenbedingungen und dem methodischen Vorgehen vorangestellt werden, dass die vorliegende Arbeit sich sehr stark an der Praxis orientiere und gleichzeitig in diesem Studiendesign so bisher nicht in der Literatur zu finden ist.

In der sechsmonatigen Koordinationsphase trat das Problem auf, dass unmittelbar vor Studienbeginn ein Trainer die organisatorischen Vereinbarungen nicht einhalten konnte und somit eine Teilnahme an der Studie leider nicht mehr möglich war. Da die Pilotstudie jedoch unter den Trainern bekannt geworden war, konnten umgehend neue Athleten mit einem engagierten Trainer gewonnen werden. Es zeigte sich, dass das Schaffen der Rahmenbedingungen mit einem enorm großen Aufwand verbunden war, da der Studienbeginn von allen, über fünf Monate vereinbarten, Zusagen abhängig war. Diese Abhängigkeit von letztendlich 29 Athleten, sieben Trainern (vier Trainer aus VG und KG sowie drei Trainer der NT-G) und fünf Sportpsychologen stellte eine große Herausforderung im Hinblick auf die Organisation und Koordination dar. Es ist in diesem Zusammenhang zu erwähnen, dass die Organisation sowie Koordination dem Setting des Spitzensports und somit ständigen Planungsänderungen und Verletzungen der Athleten unterlag. Ein weiterer erschwerender Aspekt für die Studie war, dass sie in dem Jahr durchgeführt wurde, in welchem ab dem 01.01.2010 erstmals das Verbot der High-Tech-Schwimmanzüge[17] (s. Kap. 2.1) in Kraft trat. Die Schwimmer gingen daher auf ein vollkommen ungewisses Wettkampfjahr zu. In diesem Kontext kann ver-

---

17 Siehe auch Achter und Stoll (2009, S. 42).

Diskussion

mutet werden, dass die Trainer mit ihrer anfänglichen Skepsis gegenüber der Pilotstudie ihre Athleten vor weiteren Einflüssen schützen wollten. Aus den Gesprächen mit den Trainern ging hervor, dass im Rahmen der Vorbereitung auf die Olympischen Spiele in Peking 2008 der Versuch unternommen wurde, mit den Schwimmern der Nationalmannschaft sportpsychologisch zu arbeiten. Es standen drei Sportpsychologen während den gesamten Olympischen Spielen ausschließlich den Schwimmern vor Ort zur Verfügung. Nach Aussage eines Trainers scheint diese DSV-Maßnahme nicht positiv aufgenommen worden zu sein. Vielmehr muss angenommen werden, dass dieser Schritt des DSV eine große Skepsis unter den Trainern gegenüber leistungsoptimierender sportpsychologischer Arbeit bewirkt hat. Ein anderer Blickwinkel auf die schwierigen Zugangsbedingungen ist, dass den Trainern eigentlich bekannt ist, dass die Sportpsychologie Leistungsreserven freisetzen kann, doch zum einen eine Art Unmut über den Mangel an solchen Projekten und somit systematischer Betreuung vorherrscht und zum anderen empfunden wird, dass man im internationalen Vergleich zu anderen Nationen zu spät reagiert. Aufgrund der guten Zusammenarbeit zwischen Athleten, Trainern und dem DSV während des Erhebungszeitraums wurde gewährleistet, dass die Studie ohne Probleme verlief und es zu keinem Dropout kam. Die zentrale Koordination, welche während der Durchführung der Pilotstudie begonnen wurde, wird gegenwärtig weiter fortgeführt, da gleichzeitig die Betreuung der Athleten weiter anhält bzw. weitere Sportler Bedarf an regelmäßiger sportpsychologischer Betreuung geäußert haben. Weiterhin war es möglich, im Rahmen der Pilotstudie die Schwimmer der VG auch während des vorbereitenden Höhentrainingslagers zu begleiten und damit auch zu betreuen. Diese Maßnahme wurde von den Trainern und Athleten positiv aufgenommen und wird ebenfalls gegenwärtig weitergeführt.

Zusammenfassend für die Rahmenbedingungen trifft zu, dass die Studie schwer zu initiieren war, jedoch der Ablauf der Studie sowie die Zusammenarbeit mit den Trainern, den Athleten und dem Verband problemlos verlief. Im Kapitel 5.3 werden diese nochmals detailliertere Aussagen diskutiert.

Weiterhin muss erwähnt werden, dass die Stichprobe relativ klein ist und es sich bei zwölf Wochen um einen kurzen Erhebungszeitraum handelt. In Bezug auf den Erhebungszeitraum und im Kontext mit dem erschwerten Zugang zu den Athleten, war ein längerer Betreuungszeitraum nicht möglich, da für einige Athleten internationale Wettkämpfe folgten, während andere Athleten die Sommerpause antraten. Wird jedoch berücksichtigt, dass die Studie im Setting des Spitzensport angesiedelt war und 23 von 29 Athleten Kadersportler waren, kann wiederum von einer großen Stichprobe bei einer derart trainingsintensi-

Diskussion

ven Sportart gesprochen werden. Unter Berücksichtigung dieses Aspekts sind besonders die quantitativen Ergebnisse zu betrachten. Wie bereits schon in anderen Studien (s. Kap. 2.6.2) wurde auch bei der vorliegenden Studie nach gleicher Art und Weise die AMS-Sport zur Eingangsdiagnostik (MZP I) sowie zusätzlich, und damit unterscheidend zu anderen Studien, in den Abständen von zwölf Wochen (MZP II) bzw. sechs Wochen (MZP III) genutzt.

In der vorliegenden Studie sind zwei wesentliche Punkte im methodischen Vorgehen zu berücksichtigen. Zum einen wurden alle Fragebögen entweder im Beisein des Autors oder des betreuenden Sportpsychologen ausgefüllt. Zum anderen erfolgten die Interviews überwiegend in der Face-to-Face-Variante. Auf Telefoninterviews wurde nur zurückgegriffen, wenn mit dem Athleten aufgrund von Wettkämpfen, Trainingslagern etc. kein passender Termin gefunden werden konnte. Bei den Telefoninterviews gilt es den fehlenden Blickkontakt sowie einen damit verbundenen möglichen Verlust an Informationen zu berücksichtigen. Der Interviewer musste sich voll und ganz auf die Stimme sowie Intonation des Probanden fokussieren. Weiterhin muss berücksichtigt werden, dass die Athleten erstmalig intensiver mit der Sportpsychologie in Kontakt gekommen sind und daher der Aspekt der „sozialen Erwünschtheit" bei den qualitativen Ergebnissen mit zu beachten ist. Zusätzlich muss beachtet werden, dass mit Hilfe der AMS-Sport eine überdauernde Verhaltensdisposition (s. Kap. 2.2) erfasst wurde. Allerdings erfolgte mit Hilfe der Interviews eine Abfrage des aktuellen Zustandes bzw. subjektiver Ansichten. Daraus resultierten zwei unterschiedliche Zugänge der Datenerhebung. Jedoch erfassen sie nicht die gleichen Variablen, sondern beide Zugänge liefern Daten für die Fragestellung, unter der die Pilotstudie durchgeführt wurde. In der Literatur wird darüber diskutiert, welcher Zugang zur Datengenerierung der effektivste sei. In Flick (2000) wird von Oevermann, Allert, Konau und Krambeck (1979) die Auffassung vertreten, dass erst qualitative Verfahren in der Lage sind, wissenschaftliche Erklärungen zu liefern. Kleining (1982) fügt dem hinzu, dass qualitative Verfahren gut ohne die Hinzuziehung quantitativer Methoden auskommen, jedoch quantitative die qualitativen Methoden zur Erklärung der festgestellten Zusammenhänge benötigen. Bezugnehmend auf die vorliegende Studie zeigt sich, dass mit der quantitativen Methode keine signifikanten Veränderungen erfasst werden konnten. Hingegen weisen die qualitativen Daten Unterschiede zwischen VG und KG, aber auch Gemeinsamkeiten, auf. Mit Hilfe der Interviews lassen sich solch sensitive Daten besser erfassen, da die Fragen auf unmittelbare Veränderungen zielten. Die Erfassung des Leistungsmotivs mit Hilfe der AMS-Sport stößt für diesen kurzen Erhebungszeitraum an ihre Grenzen. Dennoch liefern beide Vorgehensweisen im Rahmen der Pilotstudie ausreichend Erkenntnisse, welche nun in den folgenden Unterkapiteln diskutiert werden.

5.2 Quantitative Ergebnisse

Wie bereits im Kapitel 4.1 dargestellt zeigen sich keine signifikanten Veränderungen bei den quantitativen Daten innerhalb des Betreuungszeitraums. Anhand der vorliegenden Daten lässt sich schlussfolgern, dass der Einfluss systematischer oder punktueller sportpsychologischer Betreuung in einer Zeitspanne von zwölf Wochen ebenso keine Auswirkungen auf das Leistungsmotiv hat, wie eine ausbleibende Zusammenarbeit mit einem Sportpsychologen. Die Ergebnisse verdeutlichen, dass die Athleten der drei Gruppen für alle vier Teilbereiche (*HE, FM, NH; GLM*) an jedem MZP im mittleren Normbereich liegen. Auffallend ist jedoch, dass das *GLM* der Schwimmer der NT-G jeweils zum MZP I und zum MZP III minimal unterhalb des mittleren Normbereichs liegen. Zum MZP II liegt das *GLM* wieder im mittleren Normbereich (s. Kap. 4.1, Tab. 10). Es kann vermutet werden, dass das *GLM* möglicherweise mit den Trainingsfortschritten parallel, jedoch wesentlich minimaler ansteigt. Diese Vermutung kann davon gestützt werden, dass zu Beginn der Pilotstudie alle Schwimmer im Hinblick auf den Bereich der Sportpsychologie den gleichen Wissensstand hatten und, wenn überhaupt, nur marginale Unterschiede vorhanden waren. Weiterhin fällt bei der Betrachtung der Altersdurchschnitte auf, dass die Schwimmer der NT-G im Vergleich zu den anderen Athleten einen geringeren Altersdurchschnitt hatten. Ein möglicher Rückschluss auf das *GLM* wäre, dass dieses aufgrund des Alters noch minimalen Schwankungen unterliegt.

Aufgrund der von 1 bis 15 reichenden Interpretationstabelle für die Dimensionen *HE* und *FM* bzw. für die von -15 bis +15 (*NH*) sowie 3 bis 26 (*GLM*) weiteren Tabelle lassen sich im Einzelnen bezüglich der in der Arbeit dargestellten Ergebnisse nachstehende Schlussfolgerungen ziehen. Für die Komponente *HE* (Normbereich von 7 bis 13) heißt dies, dass der Athlet sportliche Leistungssituationen überwiegend als positive Herausforderung wahrnimmt. Für den Teilbereich *FM* deuten Ergebnisse im Normbereich (von 1 bis 7) darauf hin, dass ein möglicher Misserfolg den Athlet kaum beunruhigt. Eine positive Bilanz *HE* + *FM* (Normbereich von 0 bis 10) zeigt, dass ein Athlet erfolgsorientiert ist und sich sportlichen Leistungssituationen stellt. Der Normbereich für das *GLM* liegt zwischen 11 bis 17 Punkten.

Diskussion

Im Durchschnitt war innerhalb der Gruppen und über die Zeit hinweg keine Veränderung in den vier Teilbereichen, die eine Interpretation erlauben, zu erkennen. Vereinzelt gab es in jeder Gruppe und zu jedem MZP Sportler, die in der Dimension *HE* Ergebnisse unterhalb des Normbereichs erzielten. Daraus lässt sich schlussfolgern, dass diese Athleten sportliche Leistungssituationen weniger als Herausforderung wahrnehmen. Jedoch gab es auch Athleten in der VG und KG, die in der Ausprägung *HE* über dem Normbereich lagen, was bedeutet, dass sie jede sportliche Leistungssituation als Herausforderung wahrnehmen. Ein ähnliches Bild ergibt sich für die Dimension *FM*, wobei Werte unterhalb des Normbereichs bedeuten, dass ein möglicher Misserfolg die Athleten eher beunruhigt. Werte über dem Normbereich lassen den Schluss zu, dass ein möglicher Misserfolg die Sportler ganz und gar nicht beunruhigt. In Folge dessen sind auch einige Abweichungen über bzw. unter dem Normbereich mit den entsprechenden positiven bzw. negativen Begleiterscheinungen für die Athleten, bezogen auf die *NH* und das *GLM*, zu verzeichnen. Zusammenfassend lässt sich unter Berücksichtigung der Fragestellung der Studie festhalten, dass zwar zwischen den Gruppen keine Veränderungen in Bezug auf die Teildimensionen des Leistungsmotivs zu erkennen sind, doch innerhalb der Gruppen einige Athleten Defizite in der Ausprägung in einzelnen Teilbereichen des Leistungsmotivs aufweisen. Eine langfristige sportpsychologische Betreuung könnte hier möglicherweise zu einer Optimierung des Leistungsmotivs und seiner Komponenten beitragen.

Hinsichtlich des durchgeführten Mauchly-Tests auf Sphärizität und der festgestellten Signifikanz ist zu erwähnen, dass aufgrund der geringen Stärke des Tests und der kleinen Anzahl an Versuchspersonen eine Interpretationen nur unter Vorbehalt vorgenommen werden kann (Rasch, Friese, Hofmann & Naumann, 2006). Da diese Signifikanz jedoch für die weiteren Ergebnisse nicht von Relevanz ist, erfolgen an dieser Stelle keine weiteren Ausführungen.

Um Aufschluss über Dispositionsveränderungen zu erhalten, bedarf es einer längeren Betreuung mit einer einhergehenden psychodiagnostischen Betreuung, so wie sie beispielsweise in der Fachsparte Wasserspringen seit den Olympischen Spielen 2008 für die Nationalmannschaft und der Junioren-Nationalmannschaft erfolgreich praktiziert wird (Stoll et al., 2010).

5.3 Qualitative Ergebnisse

Wie bereits erwähnt, zeigen die qualitativen Ergebnisse wesentliche Unterschiede aber auch Gemeinsamkeiten in der subjektiven Wahrnehmung der sportpsychologischen Betreuung. Vorab wird darauf hingewiesen, dass auf-

Diskussion

grund der Fragestellung der Arbeit für die qualitative Datenerhebung lediglich die VG und KG relevant waren und somit auf ein Zweigruppen-Design zurückgegangen wurde. Weiterhin zielten die Fragen der Interviews auf subjektiv empfundene Veränderungen im Rahmen der systematischen und regelmäßigen sowie der unregelmäßigen und punktuellen Betreuung ab. Da die NT-G keine sportpsychologische Betreuung innerhalb der Pilotstudie erhalten hat, sondern ausschließlich mit der AMS-Sport an allen drei MZP erfasst wurde, war eine Befragung dieser Gruppe nicht von Relevanz. Für die Studie bzw. die qualitative Datenerhebung stand die Erfassung der subjektiv wahrgenommenen Veränderungen der VG und KG aufgrund der durchgeführten sportpsychologischen Begleitung im Vordergrund.

Bei der kritischen Auseinandersetzung mit den qualitativen Ergebnissen werden erst die Aussagen der Athleten in der Reihenfolge der Interviewfragen diskutiert, während im Anschluss bei den Trainerantworten ebenso vorgegangen wird.

Von 18 Athleten aus VG und KG haben 17 Athleten die sportpsychologische Betreuung als positiv angesehen. Die Schwimmer der VG äußerten sich wesentlich zufriedener auf die Frage, ob ihnen die Betreuung etwas genutzt habe. Vergleichend ist den Athleten der KG zusätzlich anzumerken, dass sie die Zeit der Betreuung als zu kurz empfanden (vgl. Sportler 8-KG, Z. 4-6). Bereits an dieser Stelle ist deutlich zu erkennen, dass innerhalb des Betreuungszeitraums von zwölf Wochen bei den Athleten der KG das Interesse an einer weiteren sportpsychologischen Arbeit entstanden ist.

Im Bereich der Motivation wurde die Betreuung von den Schwimmern der VG und KG als unterstützend und somit auch für den Trainingsprozess als nützlich empfunden. Mit Hilfe der sportpsychologischen Betreuung konnte erreicht werden, dass die Motivation angeregt wird (vgl. Sportler 6-VG, Z. 24-29). Dem gegenüber stehen die Aussagen von Athleten der KG, dass bei der eigenen Motivation keine großen Veränderungen eingetreten sind (vgl. Sportler 2-KG, Z. 25-29). Es ist hier jedoch zu erkennen, dass die Athleten der KG aber auch erwähnen, dass die Betreuung intensiver hätte sein müssen (vgl. Sportler 8-KG, Z. 4-6). Somit könnte das Fazit gezogen werden, in Anlehnung an Lenk (1977) und Weiner (1975) (vgl. Kap. 2.3), dass bei einer intensiveren Betreuung die Motivation, als momentane und mehr oder weniger kurzfristige Handlungstendenz, stabilisiert bzw. gesteigert werden könnte. Gleichzeitig gab es ebenfalls Aussagen von Athleten der KG, dass bei ihnen die Motivation immer sehr hoch sei (vgl. Sportler 4-KG, Z. 25-29), doch im Vergleich zur VG wurde durch die intensivere Betreuung deutlich häufiger eine subjektive Unterstützung der Motivation bzw. eine Leistungsförderung empfunden:

Diskussion

[...] ich denke meine motivation ist schon recht hoch und deswegen hat es auf jeden fall unterstützt (Sportler 9-VG, Z. 22-23)

Diese geschilderten Veränderungen gingen einher mit einer Verbesserung des eigenen Selbstvertrauens (vgl. Sportler 2-VG, Z. 22-25). Da in den Gesprächen mit den Athleten auch Ad-hoc-Fragen möglich waren, konnte, wie im Kapitel 4.2. geschildert, auch herausgefunden werden, in welchem Setting die Athleten der VG sportpsychologische Betreuung bedeutender ansehen. Es stellte sich heraus, dass die Schwimmer geteilter Meinung waren und nicht eindeutig festgelegt werden kann, ob ausschließlich der Trainingsprozess begleitet werden sollte, oder ob eine Wettkampfbetreuung zusätzlich als angebracht empfunden wird. An dieser Stelle kann der Zusammenhang zu Eberspächer et al. (2002) und der Zentralen Koordination Sportpsychologie (2009) hergestellt werden, welcher die Vorstellung vertritt, dass sportpsychologische Betreuung individuell auf den Athleten abgestimmt sein sollte, idealerweise über eine gesamte Saison stattfindet und der Athlet im Mittelpunkt steht. Dies ist somit identisch mit dem Ergebnis, das aus einer individuellen Betreuung automatisch hervorgeht (Zu welchem Zeitpunkt?, Welche Betreuung?). Geht es um die Betreuung einer gesamten Mannschaft während Trainingslagern und internationalen Wettkämpfen, so empfanden die Athleten es für sinnvoll, wenn sportpsychologische Betreuung zumindest für Trainingslagermaßnahmen gewährleitet werden könnte (vgl. Sportler 9-VG, Z. 64-66). Diese Befürwortung solcher Maßnahmen wäre der Anschluss an die bereits schon einmal verfolgte Richtung im DSV, wie sie von Pfaff & Madsen (2008) bereits erwähnt wird (s. Kap. 2.6.2).

Bei der Betrachtung der Ursachenzuschreibungen fällt auf, dass die Athleten der VG und KG Veränderungen feststellen konnten. Damit trat bei den Schwimmern der Effekt wie ihn Alfermann und Stoll (2010) schildern, dass die Athleten Kausalattributionen vornehmen, um Gründe für den Erfolg bzw. Misserfolg zu suchen, ein. Ob es sich dabei um selbstwertdienliche oder selbstwertschützende Ursachenzuschreibungen handelte (vgl. Kap. 2.3.3), konnte nicht festgestellt werden. Generell hat der Betreuungszeitraum, im Hinblick auf die Kausalattributionen, bewirkt, die Athleten für eben diese zu sensibilisieren und somit auch eigene Erfolgs- sowie Misserfolgsfälle kritischer zu hinterfragen. Von einer Funktionalität der Ursachenzuschreibung gemäß der Theorien (s. Kap. 2.3.3) kann jedoch nicht gesprochen werden.

Mit Hilfe der Pilotstudie konnte im Bereich der Kausalattributionen weiterhin erreicht werden, dass die Athleten erstmalig diese bewusst gegenüber einem Sportpsychologen geäußert haben und auch somit ein besseres Verständnis

Diskussion

für Ursachenzuschreibungen erlangt haben. Damit einher ging eine bewusstere Wahrnehmung von allen Vorgängen, welche für die Athleten über Jahre bisher selbstverständlich waren und möglicherweise nie hinterfragt wurden. So wird von den Athleten der VG bestätigt, dass der Bereich der Kausalattributionen „angetastet" wurde (vgl. Sportler 2-VG, Z. 53). Hingegen bestätigen die Athleten der KG, dass sie Informationen erhalten haben (vgl. Sportler 2-KG, Z. 58-64), doch keine großartigen Effekte eingetreten sind (vgl. Sportler 6-KG, Z. 25). Aufgrund der regelmäßigen Treffen der Schwimmer der VG und unregelmäßigen Treffen der KG-Athleten mit ihrem jeweiligen Sportpsychologen konnte eine Verbesserung der Kommunikationsfähigkeit der Sportler festgestellt werden (vgl. Sportler 8-VG, Z. 35-42). Die Schwimmer haben im Verlauf der Betreuung immer häufiger formuliert, was die Ursachen für Erfolg oder Misserfolg gewesen sein könnten. An dieser Stelle ist ein deutlicher Unterschied von der VG zur KG zu erkennen. Die regelmäßigen Sitzungen haben zusätzlich dazu beigetragen ein besseres Vertrauensverhältnis zum Sportpsychologen aufzubauen. Die unregelmäßigen Gruppensitzungen konnten lediglich dazu führen, dass die Athleten der KG geäußert haben mit dem Sportpsychologen weiterarbeiten zu wollen und auch, um in die Tiefe gehen zu können, gegenüber Einzelsitzungen positiv eingestellt sind (vgl. Sportler 3-KG, Z. 66-72). Da keine Frage direkt auf die Kommunikation ausgerichtet war, sei an dieser Stelle darauf hingewiesen, dass es sich um eine Vermutung sowie Beobachtungen während der Studie handelt und damit dieser Rückschluss gezogen wurde.

Nachdem in den Bereichen Motivation und Kausalattributionen klare Unterschiede zwischen den Athleten der VG und KG herausgestellt werden konnten, zeigten sich Gemeinsamkeiten im Hinblick auf die Befürwortung/Weiterführung einer sportpsychologischen Zusammenarbeit (vgl. Sportler 6-VG, Z. 50-56.; Sportler 2-KG, Z. 75-88). Bei der gemeinsamen Betrachtung der Athleten der KG und VG zeigt sich, dass sich von 18 Schwimmern 16 für eine Weiterführung der sportpsychologischen Betreuung aussprechen. Zum anderen stellte sich heraus, dass alle Sportler die Abstände zwischen den Sitzungen sehr individuell sehen:

> [...] ich würd's schon befürworten und ich würd [...] halt das [...] anfangs schon regelmäßig machen [...] entweder wöchentlich oder alle zwei wochen und dann [...] nur auf bedarf später (Sportler 1-VG, Z. 30-32)

Dieser Aspekt ist auf mehrere Dinge zurückzuführen. Obwohl alle Athleten der Pilotstudie den Schwimmsport als Spitzensport betreiben, haben sie dennoch

Diskussion

jeder für sich einen eigenen Alltag zu bewältigen. So gilt es z. B. zu beachten, dass das Spektrum der zu schwimmenden Strecken im Schwimmsport sehr breit (Kurz-, Mittel- oder Langstrecke) ist, und dass somit jeder Schwimmer neben seinem individuellen Alltag auch einen spezifischen, auf ihn abgestimmten Trainingsalltag besitzt. In Anlehnung an die Studie von Rost (2002) (vgl. Kap. 2.1) absolvieren die jungen Schwimmer mindestens ebenso eine zeitintensive Woche wie erwerbstätige Erwachsene. So gehörten das Training, die Schule/Ausbildung, Nachhilfeunterricht und Wegezeiten für Athleten, welche nicht im Internat wohnen, zum Alltag. Diese Dinge sollten Berücksichtigung finden bei der Interpretation der Antworten zur Frage wie regelmäßig die Athleten sportpsychologische Betreuung in Anspruch nehmen würden. Weiterhin sollte beachtet werden, dass jeder Athlet aktuell unterschiedlichen Bedarf bei sich sieht. Jedoch ist ihm auch bewusst, dass sich diese Ansicht mit steigendem Druck zum nationalen Höhepunkt möglicherweise ändern könnte:

> also zum höhepunkt dann [...] vielleicht mal wöchentlich [...] (Sportler 8-KG, Z. 68-69)

Festzuhalten ist jedoch, dass den Athleten, besonders den Schwimmern der VG, bewusst war, dass die Dauer der Studie nicht ausreichend war und damit bisher nur kleine Erfolge erzielt werden konnten:

> ja [...] ich denke mal wir sind ja WENN erst am anfang und ich denke so [eine] [...] arbeit kann man vielleicht nach [einem] [...] jahr frühstens eventuell feststellen ob es was gebracht hat weil wir hatten jetzt nur [eine] [...] kurze eingewöhnungsphase und waren dann eigentlich mittendrin und hatten einen wettkampf in der vorbereitung also es ging recht schnell und [...] meiner meinung nach würde ich *[Name entfernt]* [...] auch noch zeit geben da viel mehr zu machen (Sportler 4-VG, Z. 68-74)

Somit kann an dieser Stelle Bezug zu der Aussage von Eberspächer et al. (2002) genommen werden, welche betont, dass eine sportpsychologische Betreuung im Idealfall eine ganze Saison stattfindet sollte und dabei Schwerpunkte bei Lehrgängen und in Trainingslagern gesetzt werden können. Der Zuspruch der VG-Athleten für eine Betreuung im Rahmen von Trainingslagern erfolgte möglicherweise deshalb, weil es innerhalb der Pilotstudie gelang, ein Höhentrainingslager sportpsychologisch zu begleiten. Somit erlebten diese Athleten gleichzeitig Vorteile gegenüber dem Trainingsalltag am heimischen Trainingsort (vgl. Sportler 6-VG, Z. 61-70; Sportler 9-VG, Z. 64-66). Demgegenüber steht auch der Vorschlag eines Athleten, wenn ein Sportpsychologe mal nicht Vorort ist (z. B. Trainingslager, heimischer Trainingsstandort), dass regelmäßiger telefonischer bzw. Email-Kontakt eine Alternative wäre, um in solchen Situationen weiterhin einen vertrauensvollen Ansprechpartner zu ha-

Diskussion

ben (vgl. Sportler 2-KG, Z. 99-102). Grundsätzlich ist es gelungen bei den Athleten Interesse an sportpsychologischer Zusammenarbeit zu wecken. Da die Studie im Jahr eins nach dem Verbot der High-Tech-Schwimmanzüge (s. Kap. 2.1) durchgeführt wurde, muss an dieser Stelle mit beachtet werden, dass die Athleten möglicherweise zusätzlich positiv aufgeschlossener waren, mehr über die letzte legale Leistungsressource Sportpsychologie (Stoll et al., 2010) zu erfahren. Auf der Basis von nur sehr wenigen vorrangegangenen bzw. gar keinen Schnittstellen mit der Sportpsychologie ist es mit Hilfe der Studie gelungen, Akquise für eine sportpsychologische Zusammenarbeit zu betreiben. Gleichzeitig konnte damit begonnen werden bisherige Wissenslücken über die Leistungsressource Sportpsychologie zu schließen, da in beiden Gruppen zu erkennen ist, dass enorme Wissensmängel vorhanden sind. Ein Beispiel dafür ist, dass die Athleten angaben, dass in zwölf Wochen Betreuungszeitraum keine Fragen offen geblieben sind (vgl. Sportler 1-VG, Z. 38-39). Dies spricht zum einen für eine sehr gute Betreuungsarbeit der Sportpsychologen, auch im Hinblick auf die vorab ausgearbeiteten Sitzungspläne, doch zum anderen zeigt dies gleichzeitig auch, dass fehlende Kenntnisse über das breite Spektrum sportpsychologischer Arbeit vorhanden sind. Der angeführte Aspekt wird dadurch bestätigt, dass den Schwimmern auch bewusst ist, dass weitere Fragen erst bei einer zukünftigen Zusammenarbeit entstehen (vgl. Sportler 9-KG, Z. 81-85), und dass es immer weitere Bereiche gibt, an den gearbeitet werden kann (vgl. Sportler 6-VG, Z. 74-82). Bezeichnend für diesen Gesichtspunkt ist die ehrliche Aussage eines Athleten der KG, welcher bestätigt, dass wenige Kenntnisse über die Sportpsychologie vorhanden sind (vgl. Sportler 8-KG, Z. 78). Auffallend war, dass der Wunsch nach noch mehr bzw. intensiver Betreuung von den Athleten der KG deutlicher geäußert wurde. Im Vergleich dazu formulieren die Athleten der VG bereits genauere Themen (z. B. Trainer-Athleten-Verhältnis) für die weitere sportpsychologische Zusammenarbeit (vgl. Sportler 5-VG, Z. 49-54). Es ist zu berücksichtigen, dass über die Hälfte der Athleten der KG erstmalig mit dem Feld der Sportpsychologie in Berührung gekommen ist und es für sie daher schwer abschätzbar war, welche Betreuungsabstände sinnvoll und realisierbar sind.

Unter Berücksichtigung der erstellten Interventionspläne (s. Anhang 2 & 3), welche die Grundlage für die Sitzungen darstellten, zeigte sich zum einen, dass keine Fragen zum Zielsetzungs- und Stressimpfungstraining entstanden sind (s. Kap. 3.4). Zum anderen kann klar herausgestellt werden, dass eine systematische und multizentrische sportpsychologische Zusammenarbeit im Schwimmsport möglich ist. Mit einer entsprechenden zentralen Koordination kann an dieser Stelle der Forderung von Rudolph (2009), schon im Nach-

Diskussion

wuchsbereich die sportpsychologische Basis zu legen, nachgegangen werden (vgl. Kap. 2.6.2). Kritisch muss der Einsatz von entsprechenden sportpsychologischen Diagnostiken gesehen werden. Es Bedarf in diesem Bereich noch mehr Aufklärungsarbeit bei den Athleten und Trainern.

Im Rahmen der Studie wurden eine Trainereinschätzung (s. Anhang 4) und ein Trainingstagebuch (s. Anhang 5) eingesetzt. Bei der Trainereinschätzung musste festgestellt werden, dass kaum ein Athlet über zwölf Wochen bei seinem Heimtrainer war und es somit nicht gelang, dass der Trainer seinen Athleten durchgängig einschätzen konnte. Aus diesem Grund kann die Trainereinschätzung nicht in die Auswertung sowie Argumentation mit einbezogen werden. Gleiches gilt für das erwähnte Trainingstagebuch. Das Tagebuch wurde von den Athleten leider kaum bis gar nicht ausgefüllt. Lediglich ein Athlet empfand dieses Tagebuch als eine gute Maßnahme. Möglicherweise sollte ein Trainingstagebuch erst nach einer längeren sportpsychologischen Zusammenarbeit und einhergehend mit einem besseren Vertrauensverhältnis zwischen Sportler und Sportpsychologe zum Einsatz kommen. Gleichzeitig sollte an dieser Stelle auch berücksichtigt werden, dass die Athleten den Nutzen dieses Tagebuches zum einen aufgrund des erstmaligen Zusammenarbeitens mit einem Sportpsychologen noch nicht vollkommen verstanden hatten und zum anderen – in Anlehnung an die Studie von Rost (2002) – auch hier die Motivation zum Ausfüllen des Tagebuches nach einem anstrengenden Trainingstag am Abend eine sehr große Rolle spielt.

Die Betrachtung der Ergebnisse aus den Interviews mit den Trainern der VG und KG fallen im Bezug auf die Pilotstudie und somit auf die Zusammenarbeit mit den Sportpsychologen positiv aus (z. B. vgl. Trainer 1-KG, Z. 6-17). In diesem Zusammenhang und mit Blick auf das gesamte System wird jedoch Kritik an der aktuellen sportpsychologischen Betreuungssituation innerhalb des Verbands vorgenommen und deutlich Position dazu bezogen, wie wichtig Kontinuität im Bereich der Sportpsychologie ist und weiterhin werden wird. Es wird außerdem betont, dass die vorherrschende Situation für die Trainer nicht zufriedenstellend ist (vgl. Trainer 2-KG, Z. 5-50; Kap. 4.2.2). Im Folgenden werden diese Ergebnisse nun detailliert betrachtet. Da die Ergebnisse der Trainerinterviews alle in ihrer Grundaussage sehr identisch sind, erfolgt keine getrennte Diskussion zwischen VG-Trainer und KG-Trainer. Vielmehr soll verdeutlicht werden, dass es bereits mit der Pilotstudie gelungen ist, die theoretischen Forderungen und Erkenntnisse (vgl. Kap. 2.6.2) in die Praxis umzusetzen, was durch die Aussagen der Trainer aus Kapitel 4.2.2 gestützt wird.

Wie Pfaff und Madsen (2008) schon im Jahr 2008 aufzeigen, herrscht bei einem Großteil der Trainer im DSV eine anfängliche Skepsis in der Zusammen-

Diskussion

arbeit mit den Sportpsychologen (vgl. Kap. 2.6.2). Im Rahmen dieser Pilotstudie stellte sich erneut heraus, dass die Trainer einer erneuten Zusammenarbeit kritisch gegenüberstanden. Einen großen Anteil an dieser Haltung hat dabei das Vorgehen des DSV bei den Olympischen Spielen 2008, als kurzfristig Sportpsychologen zur Nationalmannschaft gestoßen sind, obwohl diese weder den Trainern noch den Athleten bekannt waren (vgl. Trainer 3-KG, Z. 6-20; Kap. 4.2.2). Durch die vielen im Vorfeld der Studie geführte Einzelgespräche mit Trainern und Athleten sowie Verantwortlichen des DSV konnte eine entsprechende Bereitschaft erzielt werden. Die anschließende Zusammenarbeit gestaltete sich so effektiv, dass die Trainer die Arbeit der Sportpsychologen mit den Athleten beachteten und sogar Freiraum für das Ausprobieren sportpsychologischer Techniken innerhalb des Trainingsprozesses gewährten:

> [...] ich hab dann immer mit *[Name entfernt]* dann den kontakt gehalten hab mich soweit informieren lassen wann termine sind und hab dann auch immer *[Name entfernt]* und auch den sportlern gesagt wenn da jetzt irgendwas läuft in hinblick auf vorbereitung von wettkämpfen oder von training also wenn sie irgendwelche verfahren anwenden sollten oder so dass sie mir das dann auch sagen sollen damit ich da nicht störe oder irgendwie kontraproduktiv einwirke und das hat eigentlich ganz gut funktioniert [...] (Trainer 3-KG, Z. 9-16)

Diese Entwicklung und auch der zeitliche und strukturelle Entstehungsprozess bis zum Beginn der Pilotstudie gehen einher mit den Erkenntnissen der Trainerbefragung von Eberspächer et al. (2002). Auf der einen Seite haben Trainer Schwierigkeiten im Umgang mit der Sportpsychologie, jedoch sind sie auf der anderen Seite bereit mit den Sportpsychologen zusammenzuarbeiten (vgl. Kap. 2.6.2). Grundsätzlich herrscht bei den Trainern das Bewusstsein, dass bei der aktuellen Entwicklung des Schwimmsports die Sportpsychologie den entscheidenden Unterschied ausmachen kann (vgl. Trainer 4-VG, Z. 26-40). Daher wird von den Trainern befürwortet, dass solche Projekte/Studien weiter ausgebaut werden sollten. Dabei wird unterstrichen, dass oftmals die finanziellen Mittel nicht zur Verfügung stehen und es an einer Struktur fehlt, welche es ermöglicht schon frühzeitig mit den Athleten sportpsychologisch arbeiten zu können (vgl. Trainer 2-KG, Z. 5-50, Kap. 4.2.2). An dieser Stelle bestätigen sich die Erkenntnisse von Stoll et al. (2010), welche den Mangel an finanzieller und koordinativ zentral geregelter Implementierung sportpsychologischer Arbeit herausstellen. Vielmehr wird von den Trainern aufgezeigt, dass andere Nationen in dieser Hinsicht dem DSV strukturell voraus sind:

> [...] es ist auch so dass wir feststellen dass in anderen nationen also international damit schon lange lange gearbeitet wird und es gibt ganz professionelle strukturen dafür - und hier wird noch geforscht ob das überhaupt sinn macht - und das ist meines erachtens ganz schwierig weil wir sind seit 2000 oder seit 1996 haben

Diskussion

andere nationen damit schon angefangen sind zehn zwölf jahre uns voraus und natürlich wir arbeiten sehr systematisch wir arbeiten sehr professionell in den verschiedenen spitzensportstrukturen - aber jetzt noch zu erforschen ob das überhaupt sinn macht das macht für mich keinen sinn [...] (Trainer 2-KG, Z. 35-44)

Bei der Betrachtung des Ablaufs der Studie und den anschließenden Einschätzungen von den Athleten und Trainern kann gesagt werden, dass die Pilotstudie unter dem Aspekt die Sportpsychologie den Athleten und Trainern näher zu bringen sowie in den Trainingsprozess zu implementieren, positiv angenommen wurde (vgl. Trainer 1-KG, Z. 6-17). Bemerkenswert ist an dieser Stelle, dass ein Trainer herausstellt, dass der Wettkampf zwar nicht nach den erwarteten Vorstellungen verlaufen ist, aber dies auf keinen Fall der sportpsychologischen Betreuung zu zuschreiben ist (vgl. Trainer 3-KG, Z. 30-41). Obwohl die Trainer befürworten, dass solche Studien bzw. Projekte stattfinden, geben sie auch gleichzeitig zu bedenken, dass auf die Athleten in der nationalen Spitze deutlich individueller eingegangen und spezifischer zusammengearbeitet werden sollte. Für die Athleten, welche noch von der nationalen sowie internationalen Spitze entfernt sind, empfinden sie es als wichtig, dass eine Basis sportpsychologischer Grundlagen vorhanden ist (vgl. Trainer 4-VG, Z. 12-23). Diese Ausführungen gehen zum einen einher mit der Forderung von Rudolph (2009) bereits im Nachwuchsbereich den sportpsychologischen Grundstein zu schaffen und sind zum anderen identisch mit den Erkenntnissen von Stoll et al. (2010), dass ab einem Alter von sechs Jahren die Athleten an einfache sportpsychologische Verfahren herangeführt werden sollten, um ab dem Alter von 14 Jahren systematisch und regelmäßig Verfahren erlernen und anwenden zu können. Um gemäß diesen Vorstellungen arbeiten zu können, bedarf es einer klaren Struktur bzw. eines Konzepts (vgl. Trainer 2-KG, Z. 160-195). Das bisherige Vorgehen des Verbandes Sportpsychologen nur vor Höhepunkten hinzu zu ziehen wird dagegen kritisiert. Vielmehr wird von den Trainern gefordert, dass eine regelmäßige Betreuung vorhanden ist und der Sportler somit auf den Höhepunkt systematisch vorbereitet wird (vgl. Trainer 3-KG, Z. 60-64). Diese Überlegung geht ebenfalls einher mit den bereits geschilderten Forderungen (Rudolph, 2009) und Erkenntnissen (Stoll et al., 2010). In diesem Kontext wird jedoch nicht ausgeschlossen, dass Trainingslager begleitet werden sollen. Vielmehr sei es wichtig einen Sportpsychologen für kurzfristige Fälle dabei zu haben (vgl. Trainer 2-KG, Z. 199-202). Die Trainer bringen der Sportpsychologie einen hohen Stellenwert entgegen:

[...] also für mich ist das schon wichtig - wir haben da ja schon mal drüber gesprochen - ich find das schon wichtig ich find aber dass das zielgerichtet sehr wichtig ist [...] (Trainer 1-KG, Z. 25-27)

Diskussion

und da es im Rahmen der Studie gelungen ist den Sportpsychologen in den Trainingsprozess einzubinden, konnte zum einen die Akzeptanz der Sportpsychologie im Schwimmsport herausgestellt werden und zum anderen gelang es den Sportpsychologen in das Kompetenzteam um den Trainer herum einzubinden, wie es auch Eberspächer et al. (2002) fordern. Indem die Trainingslager bzw. die DSV-Maßnahmen über die Pilotstudie hinaus weiterhin sportpsychologisch von ein und derselben Person betreut wurden, gelang eine Integration des Sportpsychologen in den Alltagsbetrieb. Damit konnte eine Forderung von ebd. (2002) erfüllt werden und der Sportpsychologe fungierte als Bindeglied zur Mannschaft (Pfaff & Madsen, 2008). Eine eindeutige Transparenz hinsichtlich der Auswahl und Finanzierung, wie sie ebenfalls wünschenswert ist, wurde nur teilweise erreicht (ebd., 2002).

Mit der Pilotstudie konnte aufgezeigt werden, dass es gelungen ist, die vorhandenen Ressourcen (z. B. Sportpsychologen, finanzielle Mittel) strukturell in den laufenden Trainingsprozess zu implementieren. Kritisch ist jedoch anzumerken, dass über einen Zeitraum von circa sechs Monaten eine Vielzahl an persönlichen Gesprächen nötig war, um die Studie schließlich initiieren zu können. Dabei stellte es sich als die größte Herausforderung dar, die Trainer und den Verband vom Vorhaben zu überzeugen. Im Gegensatz dazu verlief die Rekrutierung der Athleten wesentlich schneller und reibungsloser. Anhand der geschilderten Aspekte ist kritisch zu hinterfragen, ob es zeitgemäß ist, dass eine wissenschaftlich gestützte Studie, mit dem Ziel Schwimmer sportpsychologisch zu betreuen, wirklich so skeptisch betrachtet werden sollte, obwohl allen beteiligten Trainern die zunehmende Bedeutung der Sportpsychologie im Spitzensport bewusst ist. Im Verlauf der Studie war wiederum ein sehr kollegiales Verhältnis zwischen den Trainern und den jeweiligen Sportpsychologen zu erkennen. Anhand der Zusammenarbeit zeigte sich, dass es für die Trainer, Athleten sowie Sportpsychologen eine deutliche Entlastung darstellte, wenn es für aufkommende organisatorische und koordinative Fragen einen zentralen Ansprechpartner gab. Da sich die Athleten und auch die Trainer positiv über die Studie äußerten und ebenfalls eine Fortsetzung der sportpsychologischen Zusammenarbeit wünschten, kann die Studie, unter Beachtung des oben genannten Ziels und den gewonnenen Daten, als erfolgreich angesehen werden. Dass bei den Trainern und Athleten eine deutliche Bereitschaft zur langfristigen Zusammenarbeit sowie der Wunsch nach einer Struktur im Hinblick auf begleitende leistungsoptimierende Maßnahmen besteht, konnte die Studie anhand der bereits gegebenen Ressourcen eindrucksvoll aufzeigen.

Im Zusammenhang mit der durchgeführten Studie wird abschließend der Aspekt der Wirksamkeit von sportpsychologischer Betreuung im Spitzensport be-

Diskussion

trachtet. Grundsätzlich muss diese Diskussion für den Schwimmsport unter Beachtung zweier divergenter Perspektiven geführt werden. Dabei stehen sich die Ansichten der Trainer und die des Sportpsychologen gegenüber. Aus der Sicht des Trainers sind alle individuellen zusätzlichen Trainingsmaßnahmen ebenfalls auf den maximalen Erfolg des Athleten ausgerichtet. Für den Bereich des Spitzensports ist dies primär mit dem Erlangen einer neuen Bestzeit sowie einer Platzierung in den Medaillenrängen bei nationalen und internationalen Großereignissen verbunden. Somit wird nach wie vor von einem großen Teil der Trainer erwartet, dass zum Wettkampfhöhepunkt alle individuellen Maßnahmen, ebenso die sportpsychologische Zusammenarbeit, zum Erreichen der geschilderten harten Kriterien beiträgt. Dabei ist zu berücksichtigen, dass die Trainerarbeit im Spitzenbereich des Schwimmsports ebenfalls stetigen Anforderungen (z. B. Erfüllung der Zielvereinbarungen zwischen den DSV und dem DOSB; Standortsicherung des Bundesstützpunktes) unterliegt.

Dem gegenüber steht die Sicht des Sportpsychologen. Unter dem Aspekt der systematischen und langfristigen sportpsychologischen Zusammenarbeit und unter Berücksichtigung der Ursache für eine Kooperation ist bereits ein positives Feedback des Athleten den Sportpsychologen gegenüber als Erfolg der Betreuungsarbeit anzusehen. Grundsätzlich unterliegt seine Arbeit im Spitzenbereich vorrangig dem Ziel der Leistungsoptimierung, doch ist sie dabei nicht primär an Zeitdruck sowie an Zielvereinbarungen zwischen Verbänden geknüpft. Dabei können in einer gut funktionierenden Interaktion zwischen Athlet, Trainer und dem Sportpsychologen durchaus Etappenziele vereinbart werden, wenn dabei der Zeitfaktor zugunsten eines zielführenden Ergebnisses stets berücksichtigt wird.

Gegenwärtig besteht nach wie vor zwischen beiden am Leistungserbringungsprozess beteiligten Parteien eine Lücke, welche es gilt zum Vorteil des Athleten zu schließen. Die vorliegende Studie konnte in Ansätzen aufzeigen, dass die weniger zufriedenstellenden Leistungen von einigen Athleten beim Wettkampfhöhepunkt nicht mit einer negativen Bewertung der sportpsychologischen Zusammenarbeit einhergehen (vgl. Trainer 3-KG, Z. 30-41). Vielmehr konnte nachgewiesen werden, dass für die Trainer Langfristigkeit und Systematik in der sportpsychologischen Betreuungsarbeit im Vordergrund stehen (vgl. Trainer 1-KG, Z. 25-39). Abschließend muss aber betont werden, dass auch weiterhin, besonders nach sportlichen internationalen Großereignissen (z. B. Olympische Spiele), die Ergebnisse der Athleten einer kritischen (Verbands-)Analyse unterzogen werden. In diesem Zusammenhang werden auch künftig alle trainingsbegleitenden Maßnahmen, so auch die sportpsychologische Betreuungsarbeit, mit einbezogen und unter dem Aspekt der Wirksamkeit

Diskussion

diskutiert. Es wäre an dieser Stelle wünschenswert, dass im Bereich der Sportpsychologie nicht ausschließlich im Vier-Jahres-Zyklus, sondern unter den erwähnten Aspekten der Langfristigkeit sowie Systematik über einen Olympiazyklus hinaus geplant wird.

Es ist nun eine Entscheidung des DSV und der Landesverbände, ob die ersten erfolgreich getätigten Schritte hin zu einer systematischen sportpsychologischen Betreuungsstruktur aufgegriffen und entsprechend weiter zielführend ausgebaut werden.

Zusammenfassung und Ausblick

Im Rahmen dieser Arbeit gelang es, 29 Athleten aus dem Leistungssportbereich Schwimmen für eine dreimonatige Zusammenarbeit mit Sportpsychologen zu gewinnen und diese Betreuung über den Studienzeitraum hinaus (auf eigenen Wunsch) weiterzuführen. Die Studie zielte vordergründig auf die Nutzung und den systematischen Einsatz bereits vorhandener Ressourcen ab. An dieser Stelle wird daher nochmals explizit darauf hingewiesen, dass es sich um eine ressourcenorientierte an Stelle einer problemorientierten Pilotstudie handelte. Es wurden dabei Erkenntnisse aus der sportpsychologischen Expertise von Stoll et al. (2010) aufgegriffen und als Grundlage für die durchgeführte Studie genutzt.

Auf der Basis der theoretischen und hier relevanten Konstrukte Motivation und Emotionen sowie aktueller Erkenntnisse zur sportpsychologischen Betreuungssituation im Schwimmsport wurden 29 Athleten über drei Monate bis hin zum nationalen Wettkampfhöhepunkt mit dem Ziel begleitet, sportpsychologische Arbeit in den Trainingsprozess zu implementieren. Im direkten Vergleich wurde die Fragestellung evaluiert, mit welcher Art der Betreuung sich möglicherweise bessere langfristige und damit leistungsoptimierende Erfolge erzielen lassen. Die quantitativen Ergebnisse der Studie zeigten, dass der Betreuungszeitraum zu kurz war, um eine positive Veränderung, z. B. beim Leistungsmotiv, erkennen zu lassen. Dem gegenüber verdeutlichen die qualitativen Daten, dass Athleten und Trainer grundsätzlich eine systematische und langfristige Betreuung gegenüber der bisherigen Vorgehensweise bevorzugen. Letztere kann aufgrund der zu unregelmäßigen und unsystematischen Betreuung als nicht zielführend angesehen werden, obwohl diese bisher vom DSV im Rahmen von Lehrgängen und im Vorfeld von nationalen sowie internationalen Großereignissen für die unterschiedlichen Jahrgänge der Nationalmannschaft praktiziert wurde (s. Kap. 4.2.2). Mit Hilfe der Ergebnisse aus der vorliegenden Studie soll künftig ein inadäquater und damit ineffizienter Einsatz von Sportpsychologen vermieden werden. Dieser liegt beispielsweise vor, wenn Sportpsychologen hinzugezogen werden, welche sowohl Trainern und Athleten unbekannt sind und zu denen kein Vertrauensverhältnis besteht. Die im Rahmen dieser Studie erstmalig durchgeführte sportpsychologische Begleitung eines Höhentrainingslagers seit den Olympischen Spielen 2008 wurde auch für weitere Trainingslager in Anspruch genommen. Somit ist festzuhalten, dass eine Kontinuität in der Form erzielt werden konnte, dass durchgängig ein und dieselbe Person für die sportpsychologische Begleitung zur Verfügung stand und

Zusammenfassung und Ausblick

damit in den Betreuerstab integriert wurde. Im Rahmen dieser Studie konnten die vorhandenen Ressourcen strukturiert werden, was zur Folge hat, dass sowohl die Trainer als auch die Athleten einer sportpsychologischen Zusammenarbeit sehr positiv gegenüberstehen. Gleichzeitig konnte die Forderung von Eberspächer et al. (2002) erfüllt werden, indem kontinuierlich ein Sportpsychologe zum Teil der Mannschaft gehörte und eine zielorientierte Zusammenarbeit zwischen Trainer und Sportpsychologe umgesetzt wurde. Die zusätzliche Trainingslagerbetreuung hatte für die Athleten den Vorteil, dass die begonnene Arbeit während des Lehrgangs ausgebaut und gleichsam intensiviert werden konnte. Während der ersten Trainingslagerbetreuung suchten sogar Athleten von anderen Stützpunkten das Gespräch mit dem Sportpsychologen. Ebenso wurden Gruppeninterventionen sowie teambildende Maßnahmen sehr positiv aufgenommen und vom Betreuerteam ausdrücklich befürwortet. Die Betreuungsarbeit an den Heimatstützpunkten wurde im Anschluss an die Studie weiterhin fortgeführt und zusätzlich ausgebaut. So findet aktuell auf Wunsch der Trainer und Athleten eine Betreuung der Schwimmer der NT-G statt. Durch zusätzliche Veröffentlichungen (z.B. Achter & Stoll, 2010; Achter, 2011) wurden weitere Trainer auf die vorhandenen Ressourcen aufmerksam gemacht. Somit gelang es, sportpsychologische Betreuungsarbeit an drei weiteren Stützpunkten zu etablieren und den Athleten den Zugang zu diesen zu ermöglichen. Durch die Studie war es möglich, zehn Stützpunkten einen festen Ansprechpartner für sportpsychologische Zusammenarbeit zu bieten. Eine weiterführende strukturelle Option wäre die Schaffung von dauerhaften sportpsychologischen Stellen in Zusammenarbeit mit den Landesverbänden, die den sportpsychologischen Bedarf am Bundesstützpunkt sowie in dessen Einzugsgebiet abdecken. Damit wäre gleichzeitig eine Betreuung für den Nachwuchs abgesichert und es könnten die Forderungen von Rudolph (2009) und Stoll et al. (2010) erfüllt werden, indem bereits in den jüngeren Jahrgängen eine sportpsychologische Basis für den späteren Spitzenbereich geschaffen werden kann. Es wäre dafür empfehlenswert, diese Aufgaben künftig auf eine Person zu übertragen, um damit auch Trainern und Athleten auf nationaler Ebene einen zentralen Ansprechpartner zu bieten. Dies hätte eine verbesserte Verankerung der Sportpsychologie im Schwimmsport zur Folge und würde sowohl Trainer als auch Athleten bei der Suche nach einem passenden Sportpsychologen maßgeblich entlasten. Auftretende Synergieeffekte könnten zusätzlich zwischen Universitäten und Trainerakademien entstehen. So könnten z. B. angehende Sportpsychologen schon während des Studiums erste praktische Erfahrungen in der Arbeit mit Athleten sammeln. Weiterhin könnte die Sportpsychologie auch ein fester und besser evaluierter

Zusammenfassung und Ausblick

Bestandteil im Rahmen von Traineraus- und Weiterbildungen auf Landes- und Bundesebene werden. Immerhin verdeutlichen die Aussagen der Trainer (s. Kap. 4.2.2), dass die Sportpsychologie als ein entscheidender Faktor angesehen wird und maßgeblich zum absoluten Erfolg beitragen kann. Im Bezug auf die Trainer hat die Studie erste positive Veränderungen bewirkt, dass zum einen eine Zusammenarbeit weiterhin ausdrücklich gewünscht wurde und dass zum anderen erste „coach-the-coach" Interventionen zum Einsatz kamen. Die damit einhergehende Beachtung der sportpsychologischen Zusammenarbeit zwischen Schwimmer und Sportpsychologe verdeutlicht mehr und mehr die Akzeptanz der Sportpsychologie im Schwimmsport. Dieses entgegengebrachte Ansehen geht auch daraus hervor, dass die Trainer solche Studien und Projekte stark befürworten (s. Kap. 4.2.2). Es sollte für die Zukunft die Aufgabe des Verbandes sein, eine Struktur zu schaffen, welche eine sportpsychologische Basisausbildung auch bis in die unteren Kaderstrukturen gewährleistet. Mit dem DSV Chef-Sportpsychologen Oliver Stoll wurde die Basis geschaffen, einen zentralen Ansprechpartner für den gesamten DSV zu installieren. Eine solide sportpsychologische Basis für jede Fachsparte, und damit auch im Schwimmsport, wäre der nächste Schritt, um langfristig aus sportpsychologischer Sicht leistungsoptimierend und zielorientiert arbeiten zu können. Im Rahmen der vorliegenden Arbeit wurde deutlich, dass dafür eine Veränderung der Zielvereinbarungen zwischen DSV und DOSB nötig ist. Um Systematik und Langfristigkeit zu gewährleisten, ist das Aushandeln neuer Vereinbarungen unumgänglich. Es ist zwingend erforderlich, dass Trainer und Athleten eine eindeutige Position gegenüber dem DSV beziehen. Aus Sicht der praktischen Arbeit mit den Athleten ist festzuhalten, dass es erfolgreich gelungen ist, in circa zehn Monaten zehn weitere Sportpsychologen, welche auf Honorarbasis tätig sind, für den DSV und seine Athleten zu gewinnen (Höfling & Stoll, 2011).

Aus wissenschaftlicher Sicht wäre es zukünftig interessant die Schwimmer wesentlich länger sportpsychologisch und damit auch diagnostisch zu begleiten. Weitere Studien könnten sich beispielsweise auf die Fragestellung konzentrieren, wie die Athleten aktuell zur sportpsychologischen Betreuungssituation stehen und welche Fortschritte erzielt wurden. Gleichzeitig wäre es im Zusammenhang mit der durchgeführten Studie interessant, ob die Athleten der NT-G ähnliche subjektiv empfundene Veränderungen schildern wie die Athleten der VG oder KG. Es wäre weiterhin zu evaluieren, wo die Athleten weitere Ressourcen sehen und wie eine Umsetzung realisierbar ist. Besonders in der Datenerfassung wäre eine Begleitung der Athleten sowohl während der Lang- als auch Kurzbahnsaison sinnvoll, idealerweise auch über mehr als eine Sai-

Zusammenfassung und Ausblick

son hinweg. Möglicherweise lassen sich Unterschiede zwischen der Lang- und Kurzbahnsaison erkennen. Ein längerer Betreuungszeitraum würde möglicherweise auch positive Veränderungen beim Leistungsmotiv erfassen. Ebenso wäre es aufschlussreich, die Schwimmer, welche die Betreuung weitergeführt haben, nach beispielsweise einem Jahr nochmals mit der AMS-Sport zu erfassen, um dann möglicherweise signifikante Unterschiede feststellen zu können.

Grundsätzlich müssten weitere Studien in diesem Bereich langfristiger und vor allem mit ständiger diagnostischer Begleitung konzipiert sein. Ebenso sollte anhand des Forschungsziels genau abgewogen werden, ob der Datenzugang quantitativ oder qualitativ erfolgen sollte.

Aufgrund des Verbots der High-Tech-Schwimmanzüge und dem damit einhergehenden vorläufigen Rückschritt jedes Schwimmers auf seiner Hauptstrecke und bevorzugten Schwimmlage, war ein prä- und post-Vergleich der Bestzeiten in dieser Studie nicht möglich. Für künftige Studien wäre dieser Aspekt jedoch mit zu berücksichtigen, da anzunehmen ist, dass der Einfluss des Materials auf die Zeiten aufgrund der sportpsychologischen Betreuungssituation aktuell wesentlich geringer ausgeprägt ist.

Zukünftige Untersuchungen mit dem Forschungsschwerpunkt Kausalattributionen sollten darauf fokussiert sein, ab welchem Punkt bei den Schwimmern, welche erstmalig ihre Vorbereitung in Zusammenarbeit mit einem Sportpsychologen absolvieren, die Ursachenzuschreibungen funktional werden. Bisher waren die Athleten gar nicht oder nur teilweise im Rahmen von Lehrgangsmaßnahmen des DSV mit sportpsychologischer Arbeit in Berührung gekommen. Somit sollte an dieser Stelle beachtet werden, dass zu wenig oder eben gar kein Wissen über die Ressourcen der Sportpsychologie vorhanden war.

Unter diesen Gesichtspunkten sind weitere Studien zur Implementierung von systematischer sportpsychologischer Betreuung in den Trainingsprozess des Schwimmsports mit Leistungssportcharakter auf jeden Fall optimierbar.

Die vorliegende Arbeit konnte aufzeigen, dass systematische sportpsychologische Betreuung in den Schwimmsport implementierbar und koordinierbar ist. Mit Hilfe dieses Anstoßes und im Hinblick auf die Olympischen Spiele 2016 und 2020 sollte gerade im Nachwuchsbereich gehandelt werden und die erbrachten Ergebnisse Berücksichtigung finden.

Literaturverzeichnis

Achter, M. (2011). Sportpsychologische Betreuung im Deutschen Schwimm-Verband e.v..*Swim & More, 1*, 37.
Achter, M. & Stoll, O. (2009). LZR Racer. Ein Anzug in der Diskussion. *Leistungssport 39 (3)*, 42.
Achter, M. & Stoll, O. (2010). Vom Anforderungsprofil zum Interventionsansatz. Überlegungen zu einem langfristigen sportpsychologischen Beratungs- und Betreuungskonzept für die olympischen Wassersparten. *Zeitschrift für Sportpsychologie 17* (3), 93-100.
Adam, K. (1978). *Leistungssport als Denkmodell*. Schriften aus dem Nachlass Herausgegeben von Hans Lenk. München: Wilhelm Fink.
Adler, K. & Ziemainz, H. (2005). Stress und Stressbewältigung im Biathlon. *Leistungssport 35* (5), 16-21.
Alfermann, D. & Stoll, O. (2010). *Sportpsychologie. Ein Lehrbuch in 12 Lektionen* (3. Aufl.). Aachen: Meyer & Meyer.
Alfermann, D. & Strauß, B. (2001). Soziale Prozesse im Sport. In H. Gabler, J. R. Nitsch & R. Singer, *Einführung in die Sportpsychologie – Teil 2 Anwendungsfelder* (2., erw. & überarb. Aufl., S. 73-108). Schorndorf: Hofmann.
Allmer, H. (1978). *Ursachenerklärung und Handlungszufriedenheit im Sport: theoretische und empirische Analyse sportbezogener Leistungsmotivation*. Schorndorf: Hofmann.
Allmer, H. (1979). Probleme sportpsychologischer Forschung in der Praxis. In H. Gabler, H. Eberspächer, E. Hahn, J. Kern & G. Schilling (Hrsg.), *Praxis der Psychologie im Leistungssport* (S. 539-544). Berlin u. a.: Bartels & Wernitz KG.
Allmer, H. (1999). Vom Leistungsmotiv zum Rubikon – Entwicklungslinien der Leistungsmotivatonsforschung im Sport. In D. Alfermann & O. Stoll (Hrsg.), *Motivation und Volition im Sport: Vom Planen zum Handeln* (S. 1-12). Köln: bps.
Auvergne, S. (1983). Motivation and causal attribution for high and low achieving athletes. *International Journal of Sport Psychology, 2*, 85-91.
Backhaus, K. & Weiber, R. (1989). *Entwicklung einer Marketingkonzeption mit SPSS/PC+*. Berlin u. a: Springer.
Beckmann, J. & Elbe, A.-M. (2006). Motiv- und Motivtheorien. In M. Tietjens & B. Strauß (Hrsg.), *Handbuch Sportpsychologie* (S.136-145). Schorndorf: Hofmann.
Beckmann, J. & Heckhausen, H. (2010). Situative Determinanten des Verhaltens. In J. Heckhausen & H. Heckhausen (Hrsg.), *Motivation und Handeln* (4., überarb. & erw. Aufl., S. 73-104). Heidelberg: Springer.
Beckmann, J. & Linz, L. (2010). Psychologische Talentdiagnostik und –entwicklung der Nachwuchsnationalmannschaften des Deutschen Hockey Bundes. Zugriff am 3. Juli 2011 unter http://www.bispsportpsychologie.de/cln_099/nn_113306/SharedDocs/ Dowloads/Publikationen/Jahrbuch/Jb__200809__Artikel/Beckmann__197,templateId =raw,property=publicationFile.pdf/Beckmann_197.pdf
Beckmann, J. & Rolstad, K. (1997). Aktivierung und Leistung. Gibt es so etwas wie Übermotivation? *Sportwissenschaft, 27*, 23-37.
Beckmann, J., Waldenmayer, D. & Liebl, M. (2010). Langfristige und systematische sportpsychologische Betreuung des Bundeskaders Bayern Pistole. Zugriff am 3. Juli 2011 unter http://www.bisp.de/nn_15936/SharedDocs/Downloads/Publikationen/Jahrbuch/ Jb__200910__Artikel/Beckmann__289__292,templateId=raw,property=publicationFil e.pdf/Beckmann_289_292.pdf
Beckmann, J., Wenhold, F., Delow, A. & Giehler, J. (2009). Sportpsychologische Eingangsdiagnostik und Betreuung des U17 Nationalkaders des Deutschen Judo Bundes (DJB). Zugriff am 3. Juli 2011 unter http://www.bisp-sportpsychologie.de/nn_113306/3 SharedDocs/Downloads/Publikationen/Jahrbuch/Jb__200809__Artikel/Beckmann__3 17,templateId=raw,property=publicationFile.pdf/Beckmann_317.pdf
Biddle, S. J. H. & Hill, A. B. (1992). Relationships between attributions and emotions in a laboratory-based sporting contest. *Journal of Sport Sciences, 10*, 65-75.
Bierhoff, H. W. (2002). Prosoziales Verhalten. In W. Stroebe, K. Jonas & M. Hewstone (Hrsg.), *Sozialpsychologie. Eine Einführung* (4. Aufl., S. 319-351). Berlin: Springer.

Literaturverzeichnis

Birrer, D. & Seiler, R. (2006). Motivationstraining. In M. Tietjens & B. Strauß (Hrsg.), *Handbuch Sportpsychologie* (S. 236-245). Schorndorf: Hofmann.

Böhm, G. (1994). *Die kognitive Struktur kausaler Alltagserklärungen*. Frankfurt am Main: Peter Lang.

Brand, R. (2010). *Sportpsychologie*. Wiesbaden: VS Verlag.

Brand, R. & Delow, A. (2009). Sportpsychologische Eingangsdiagnostik und Betreuung ausgewählter Kader im Behindertensport – Schwimmen. Zugriff am 3. Juli 2011 unter http://www.bisp.de/cln_162/nn_113306/SharedDocs/Downloads/Publikationen/Jahrbuch/Jb__200809__Artikel/Brand__83,templateId=raw,property=publicationFile.pdf/Brand_83.pdf

Brand, R., Delow, A. & Steven, B. (2010). Sportpsychologische Eingangsdiagnostik und Betreuung der Nationalmannschaft Behindertensport — Schwimmen. Zugriff am 3. Juli 2011 unter http://www.bisp.de/nn_15944/SharedDocs/Downloads/Publikatinen/Jahbuch/Jb__200910__Artikel/Brand__293__299,templateId=raw,property=publicationFile.pdf/Brand_293_299.pdf

Bundesinstitut für Sportwissenschaft (BISp) (2010). Projektvergabe erfolgt! „Qualitätssicherung der sportpsychologischen Betreuungsarbeit". Zugriff am 12. Juni 2011 unter http://www.bisp.de/cln_099/nn_16030/sid_0735C92AB30022CB583A81E6B7AD60BC/SharedDocs/Publikationen/SpoPsy/DE/Infoportal__BISp__Projekte__Forschungsprojekte/ausschreibung__qualit_C3_A4tssicherung.html?__nnn=true

Blucker, J. A. & Hershberger, E. (1983). Causal attribution theory and the female athlete: What conclusions can we draw?. *Journal of Sport Psychology,5*, 353-360.

Bühner, M. & Ziegler, M. (2009). *Statistik für Psychologen und Sozialwissenschaftler*. München: Pearson Studium.

Carron, A. V. & Spink, K. S. (1980). The stability of causal attributions. *Canadian Journal of applied Sport Sciences 5* (1), 19-24.

Chang, S., Thang, T. & Ji, C. (2008). The interaction between athletes attribution style, coping strategies and achievement motivation under failure situations. International Convention on Science, Education and Medicine in Sport: Proceedings, Vol. III (S. 84). Zugriff am 3. Juli unter http://www.brunel.ac.uk/374/Sport%20Sciences%20Research%20Documents/v3 part1.pdf

Dabrowska, H. (1993). Attribution patterns of the outcome, and their functions in male and female athletes. *Biology of Sport, 10*, 119-122.

Damasio, A. R. (2000). *Ich fühle, also bin ich: Die Entschlüsselung des Bewusstseins*. München: List.

Dunker, R., & Hannemann, R. (2008). *www.welt.de*. Zugriff am 30. September 2008 unter http://www.welt.de/welt_print/article1845087/Wirbel_um_Rekorde_und_einen_neuen_Anzug.html

Eberspächer, H. & Schilling, G. (1979). Aufgaben und Funktionen des Psychologen im Leistungssport. In H. Gabler, H. Eberspächer, E. Hahn, J. Kern & G. Schilling (Hrsg.), *Praxis der Psychologie im Leistungssport* (S. 505-513). Berlin u. a.: Bartels & Wernitz KG.

Eberspächer, H., Immenroth, M. & Mayer, J. (2002). Sportpsychologie – ein zentraler Baustein im modernen Leistungssport. *Leistungssport 32* (5), 5-10.

Eberspächer, H., Mayer, J., Hermann, H.-D. & Kuhn, G. (2005). Olympiasonderförderung Sportpsychologie. *Leistungssport 35* (1), 38-41.

Elbe, A.-M., Wenhold, F. & Müller, D. (2005a). *AMS-Sport: Fragebogen zum Leistungsmotiv im Sport*. Zugriff am 29. Januar 2011 unter http://www.bisp.de/cln_099/nn_40770/SpoPsy/DE/Diagnostikportal/Motivation/Sportlerfragebogen/ams/eckdaten__ams.html?__nnn=true

Elbe, A.-M., Wenhold, F. & Müller, D. (2005b). Zur Reliabilität und Validität der Achievement Motives Scale-Sport. Ein Instrument zur Bestimmung des sportspezifischen Leistungsmotivs. *Zeitschrift für Sportpsychologie 12* (2), 57-68.

Elliot, A. J. (2008). *Handbook of Approach and Avoidance Motivation*. New York: Psychology Press.

El-Naggar, A. M. (1993). Competition Stress Among Experienced and Inexperienced Table Tennis Athletes an Ist Effect on Performance. In J. R. Nitsch & R. Seiler (Hrsg.), *Bewegung und Sport. Psychologische Grundlagen und Wirkungen. Bericht VIII. Europä-*

Literaturverzeichnis

ischen Kongress für Sportpsychologie. Band 1: Motivation, Emotion, Stress (S. 205-208). Sankt Augustin: Academica.
Erdmann, R. (1983a). Motivation und Einstellung im Sport – theoretische Betrachtung zweier Konstrukte. In R. Erdmann (Hrsg.), *Motive und Einstellungen im Sport. Ein Erklärungsansatz für die Sportpraxis* (S. 13-34). Schorndorf: Hofmann.
Erdmann, R. (1983b). Motiventwicklung als Lernprozess. In R. Erdmann (Hrsg.), *Motive und Einstellungen im Sport. Ein Erklärungsansatz für die Sportpraxis* (S. 35-49). Schorndorf: Hofmann.
Fisher, A. C., & Driscoll, R. G. (1975). Attribution of attitudes toward physical activity as a function of success. *Mouvement, 7*, 239-241.
Fischer, L. & Wiswede, G. (2009). *Grundlagen der Sozialpsychologie* (3., völlig neu bearb. Aufl.). München: Oldenbourg.
Filippowitsch, V. I. & Turewsij, I. M.(1977). Über die Prinzipien der sportlichen Orientierung von Kindern und Jugendlichen im Zusammenhang mit der altersspezifischen Veränderung in der Struktur der Bewegungsfähigkeiten. *Leistungssport 7 (6)*, 503-508.
Flick, U. (2000). *Qualitative Forschung. Theorie, Methoden, Anwendung in Psychologie und Sozialwissenschaften*. Hamburg: Rowohlt.
Frank, G. & Unsfeld, J. (2008). *Koordinative Fähigkeiten im Schwimmen: Der Schlüssel zur perfekten Technik*. Schorndorf: Hofmann.
Freitag, W. (1977). *Schwimmen. Training, Technik, Taktik*. Reinbek bei Hamburg: Rowohlt.
Frieze, I. & Weiner, B. (1980). Verwendung von Hinweisreizen und Attributionsurteile für Erfolg und Misserfolg. In W. Herkner (Hrsg.), *Attribution – Psychologie der Kausalität* (S. 171-184). Bern: Huber.
Gabler, H. (1979a). Psychologische Aspekte im Schwimmsport. In H. Gabler, H. Eberspächer, E. Hahn, J. Kern & G. Schilling (Hrsg.), *Praxis der Psychologie im Leistungssport* (S. 104-121). Berlin u. a.: Bartels & Wernitz KG.
Gabler, H. (1979b). Psychologische Wettkampfbetreuung von Athleten und Mannschaften. In H. Gabler, H. Eberspächer, E. Hahn, J. Kern & G. Schilling (Hrsg.), *Praxis der Psychologie im Leistungssport* (S. 453-460). Berlin u. a.: Bartels & Wernitz KG.
Gabler, H. (1981). *Leistungsmotivation im Hochleistungssport: ihre Aktualisierung und Entwicklung; dargestellt anhand einer empirischen Untersuchung von jugendlichen und erwachsenen Hochleistungsschwimmern* (3., überarb. Aufl.). Schorndorf: Hofmann.
Gabler, H. (2002). *Motive im Sport. Motivationspsychologische Analysen und empirische Studien*. Schorndorf: Hofmann.
Gabler, H. (2003). Emotion. In P. Röthig, R. Prohl, K. Carl, D. Kayser, M. Krüger & V. Scheid (Hrsg.), *Sportwissenschaftliches Lexikon* (7., völlig neu bearbeitete Aufl., S. 162-163). Schorndorf: Hofmann.
Gabler, H. (2003). Leistungsmotivation. In P. Röthig, R. Prohl, K. Carl, D. Kayser, M. Krüger & V. Scheid (Hrsg.), *Sportwissenschaftliches Lexikon* (7., völlig neu bearbeitete Aufl., S. 341-342). Schorndorf: Hofmann.
Gabler, H., Eberspächer, H., Hahn, E., Kern, J. & Schilling, G. (1979). *Praxis der Psychologie im Leistungssport*. Berlin u. a.: Bartels & Wernitz KG.
Geron, E. & Raviv, S. (1993). Methodological Foundations of a New Test for Achievement Motivation in Sport. In J. R. Nitsch & R. Seiler (Hrsg.), *Bewegung und Sport. Psychologische Grundlagen und Wirkungen. Bericht VIII. Europäischen Kongress für Sportpsychologie. Band 1: Motivation, Emotion, Stress* (S. 103-113). Sankt Augustin: Academica.
Gross, A. (2008). *www.welt.de*. Zugriff unter 18. September 2008 von http://www.welt.de/sport/article1914064/Von_deutschen_Schwimmern_werden_Rekorde_erwartet.html
Hackfort, D. (1987). Kognition, Emotion und Handlungskontrolle: Zur Einführung. In J. P. Janssen, W. Schlicht & H. Strang (Hrsg.), *Handlungskontrolle und soziale Prozesse im Sport* (Bericht über die Tagung der Arbeitsgemeinschaft für Sportpsychologie vom 30.04. bis 01.05.1986 in Kiel, S. 45-51). Köln: bsp.
Hackfort, D. & Birkner, H.-A. (2006). Funktionen von Emotionen. In M. Tietjens & B. Strauß (Hrsg.), *Handbuch Sportpsychologie* (S. 165-177). Schorndorf: Hofmann.
Hanrahan, S. J. & Cerin, E. (2008). Gender, level of participation, and type of sport: Differences in achievement goal orientation and attributional style. *Journal of Science and Medicine in Sport, 12*, 508-512.

Literaturverzeichnis

Heckhausen, H. (1989). *Motivation und Handeln* (2. Aufl.). Berlin: Springer.
Heckhausen, H. (2010). Entwicklungslinien der Motivationsforschung. In J. Heckhausen & H. Heckhausen (Hrsg.), *Motivation und Handeln* (4., überarb. & erw. Aufl., S. 11-42). Heidelberg: Springer.
Herkner, W. (1980). *Attribution – Psychologie der Kausalität*. Bern: Huber.
Höfling, C. & Stoll, O. (2011). Kontinuierliche und offen-konstruktive Arbeit mit dem DSV zahlt ich aus. Zugriff am 3. November 2011 unter http://www.asp-sportpsychologie.org/aktuell_einzeln_ext.php?ID=94
Immenroth, M. (2001). *Wissen schafft Praxis? Über das Verhältnis von Wissenschaft und Praxis in der Sportpsychologie*. Im Kongressband zum 16. Sportmedizinischen/Sportwissenschaftlichen Seminar des Sportbundes Pfalz und des Sportärztebundes Rheinlandpfalz (04.11.2000).
Janssen, J.-P. (1995). *Grundlagen der Sportpsychologie*. Wiesbaden: Limpert.
Kanfer, F. H., Reinecker, H & Schmelzer, D. (2006). *Selbstmanagement-Therapie, Ein Lehrbuch für die klinische Praxis*. Berlin: Springer.
Kanfer, F. H. & Schmelzer, D. (2001). *Wegweiser Verhaltenstherapie*. Berlin: Springer.
Kellmann, M., Gröpel, P. & Beckmann, J. (2011). Evaluation und Qualitätsoptimierung der sportpsychologischen Betreuungsarbeit im deutschen Spitzensport. *Zeitschrift für Sportpsychologie 18* (2), 49-59.
Kleine, W. (1983). Motiv und Einstellung – Befunde und didaktische Überlegungen zu Schul-, Freizeit- und Leistungssport. In R. Erdmann (Hrsg.), *Motive und Einstellungen im Sport. Ein Erklärungsansatz für die Sportpraxis* (S. 50-72). Schorndorf: Hofmann.
Klemm, M. (1997). *Empfehlungen zur Produktion wissenschaftlicher Texte* (3., überarb. & ergänzte Aufl.). Unv. Typoskript, Chemnitz.
Knobloch, J. (1979). Psychologischer Stress in der Vorwettkampfphase. In H. Gabler, H. Eberspächer, E. Hahn, J. Kern & G. Schilling (Hrsg.), *Praxis der Psychologie im Leistungssport* (S. 312-328). Berlin: Bartels und Wernitz.
Kuhl, J. (1983). *Motivation, Konflikt und Handlungskontrolle*. Berlin: Springer.
Kuhl, J. (2010). *Lehrbuch der Persönlichkeitspsychologie. Motivation, Emotion und Selbststeuerung.* Göttingen: Hogrefe.
Kuhl, U. & Krug, S. (2006). Macht Macht erfolgreich? Macht macht erfolgreich!. *Leistungssport 36* (5), 5-10.
Kunath, P. (2001). *Sportpsychologie für alle*. Aachen: Meyer & Meyer.
Lazarus, R. S. & Folkman, S. (1984). *Stress, Appraisal, and Coping*. New York: Springer.
Leber, T., Hermann, H.-D., Kuhn, G., Mayer, J. & Eberspächer, H. (2010). Wahrnehmung der Qualität der sportpsychologischen Arbeit aus Trainersicht. *Leistungssport 40* (5), 15-18.
Lefebvre, L. M. (1979). Achievement motivation and causal attribution in male and female athletes. *International Journal of Sport Psychology, 1*, 31-41.
Lenk, H. (1977). *Leistungsmotivation und Mannschaftsdynamik: ausgew. Aufsätze zur Soziologie u. Sozialpsychologie des Sports an Beispielen des Rennruderns* (2., unveränd. Aufl.).Schorndorf: Hofmann.
Mark, M. M., Mutrie, N., Brooks, D. R. & Harris, D. V. (1984). Causal attribution of winners and losers in individual competitive sports. Toward a reformulation if the self-serving bias. *Journal of Sport Psychology, 2*, 184-196.
Mayer, J.; Kuhn, G.; Hermann, H.-D. & Eberspächer, H. (2009). Sportpsychologische Betreuung der Spitzenverbände 2003 bis 2008 – eine Bilanz. *Leistungssport 39* (2), 19-22.
Mayring, P. (2002). *Einführung in die Qualitative Sozialforschung* (5. Aufl.). Weinheim: Beltz.
Mayring, P. (2008). *Qualitative Inhaltsanalyse. Grundlagen und Techniken* (10., neu ausgestattete Aufl.) Weinheim: Beltz.
McGraw, A. P., Mellers, B. & Tetlock, P. E. (2005). Expectations and emotions of Olympic athletes. *J. Experim. Social Psych.*, 41, 438-446.
Meichenbaum, D. (2003*).* *Intervention bei Stress. Anwendung und Wirkung des Stressimpfungstrainings* (2., rev. & erg. Aufl.) Bern: Huber.
Meyer, W.-U., Reisenzein, R. & Schützwohl, A. (2001). *Einführung in die Emotionspsychologie – Band I* (2., überarb. Aufl.). Göttingen: Huber.

Literaturverzeichnis

Meyer, W.-U., Schützwohl, A. & Reisenzein, R. (1993). *Einführung in die Emotionspsychologie. Band I.* Bern: Huber.

Möller, J. (2008). Lernmotivation. In A. Renkl (Hrsg.), *Lehrbuch pädagogische Psychologie* (1. Aufl., S. 263-298). Bern: Hogrefe.

Moran, A. P. (2011). *Sport and Exercise Psychology: A Critical Introduction* (2nd edition). London: Routledge.

Müssig, P. (2010). *Erfolg ist Kopfsache. Sportliche Herausforderungen meistern.* Stuttgart: Pietsch.

Neumann, G. (2001). Das Basketball FundaMental Training (BB-FMT). *Leistungssport 31 (3)*, 56-62.

Neumann, G. (2008). Sportpsychologische Betreuung des deutschen Olympia- und Paralympic-Teams 2008 – Erfolgsbilanzen, Erfahrungsberichte, Perspektiven. Zugriff am 13. Mai 2011 unter http://www.bisp.de/nn_18772/SharedDocs/Publikatinen/SpoPsy/DE/Infoportal__BISp__Projekte__News__Veranstaltungen/workshop101208.html

Opdenakker, R. (2006). Advantages and Disadvantages of Four Interview Techniques in Qualitative Research. In : *Forum Qualitative Sozialforschung/Forum: Qualitative Social Research, 7* (4), Art 11 [Online Journal]; Zugriff am 21. Juli 2011 unter http://nbn-resolving.de/urn:nbn:de:0114-fqs0604118]

Pfaff, E. & Madsen, Ö. (2008). Wir wollen Weltklasse sein! Ein Interview mit Örjan Madsen, Sportdirektor und Cheftrainer im Deutschen Schwimm-Verband (DSV). *Leistungssport 38* (3), 13-16

Phelps, E. A. (2005). The Interaction of Emotion and Cognition: Insights from Studies of the Human Amygdala. In L. Feldman Barrett, P. M. Niedenthal & P. Winkielman (Eds.), *Emotion and Consciousness* (S. 51-66). New York: Guilford.

Rasch, B., Friese, M., Hofmann, W. & Naumann, E. (2006). *Quantitative Methoden. Band 2* (2. Aufl.). Heidelberg: Springer.

Rees, T. (2007). Main and interactive effects of attribution dimensions on efficacy expectations in sport. *Journal of Sports Sciences 25* (4), 473-480.

Reisenzein, R. (1994). Kausalattribution und Emotion. In F. Försterling & J. Stiensmeier-Pelster (Hrsg.), *Attributionstheorie* (S. 123-161). Göttingen: Hogrefe.

Rethorst, S. (1993). Emotions as Mediators of Behavioral Consequences in Sports. In J. R. Nitsch & R. Seiler (Hrsg.), *Bewegung und Sport. Psychologische Grundlagen und Wirkungen. Bericht VIII. Europäischen Kongress für Sportpsychologie. Band 1: Motivation, Emotion, Stress* (S. 150-158). Sankt Augustin: Academica.

Rheinberg, F. (2008). *Motivation* (7., akt. Aufl.). Stuttgart: Kohlhammer.

Roberts, G. C., Treasure, D. C. & Conroy, D. E. (2007). Understanding the Dynamics of Motivation in Sport and Physical Activity: An Achievement Goal Interpretation. In G. Tenenbaum & R. C. Eklund (Eds.), *Handbook of Sport Psychology* (3rd edition, S. 3-30). New Jersey: Hoboken.

Rost, K. (2002): „Verbundsysteme Leistungssport – Schule" im Zielkonflikt unterschiedlicher Anforderungsprofile (Ergebnisse einer Befragung zur zeitlichen Gesamtbelastung und zum subjektiven Schule – Sporterleben bei Schülerinnen und Schüler des Sportgymnasiums Leipzig) In A. Hohmann, D. Wick & K. Carl (Hrsg.), *Talent im Sport* (S. 117-126). Schorndorf: Hofmann.

Rotella, R. J. (1978). Improving sport performance. Implications of achievement motivation and attribution theory. *Motor Skills: Theory into practice 2* (2), 120-127.

Rudolph, K. (2009). Die Entwicklung des Weltschwimmsports und der deutschen Schwimmerinnen und Schwimmer unter besonderer Berücksichtigung der Olympischen Spiele von 2008. *Leistungssport 39* (1), 25-29.

Rudolph, K., Wiedner, H., Jedamsky, A., Döttling, H.-W. & Spahl, O. (2006). *Nachwuchskonzeption im Schwimmen.* Kassel.

Rudolph, U. (2009). *Motivationspsychologie* (2., vollst. überarb. Aufl.). Weinheim: Beltz.

Salewski, C. & Renner, B. (2009). *Differentielle und Persönlichkeitspsychologie.* München: Reinhardt.

Scheffer, D. & Heckhausen, H. (2010). Eigenschaftstheorien der Motivation. In J. Heckhausen & H. Heckhausen (Hrsg.), *Motivation und Handeln* (4., überarb. & erw. Aufl., S. 43-72). Heidelberg: Springer.

Literaturverzeichnis

Scherer, K. R. (1995). Aktuelle Kontroverse in der Emotionsforschung: Implikationen für die Sportpsychologie. In J. R. Nitsch & H. Allmer (Hrsg.), *Emotionen im Sport zwischen Körperkult und Gewalt* (S. 52-68). Köln: bps.

Schlattmann, A. & Hackfort, D. (1991). Funktionale Bedeutungszuschreibungen in Bezug auf „positive" Emotionen beim sportlichen Handeln. In D. Hackfort (Hrsg.), *Funktionen von Emotionen im Sport* (1. Aufl., S. 1-44). Schorndorf: Hofmann.

Schmidt, C. (1997). „Am Material": Auswertungstechniken für Leitfadeninterviews. In B. Friebertshäuser & A. Prengel (Hrsg.), *Handbuch Qualitative Forschungsmethoden in der Erziehungswissenschaft* (S. 544-568). Weinheim und München: Juventa.

Schmidt, U. & Schleiffenbaum, E. (2000). Stress und Stressbewältigung im Ausdauersport. In H. Ziemainz, U. Schmidt & O. Stoll (Hrsg.), *Psychologie in Ausdauersportarten* (1. Aufl., S. 67-93). Butzbach-Griedel: Afra.

Schmidt, U. & Schmole, M. (1997). Kausalattribution und Emotion bei Volleyballern nach Sieg und Niederlage. (Causal attribution and emotion among volleyball players after victory and defeat). In F. Dannenmann (Hrsg.), *Volleyball '96. Facetten des Spiels.* 22. Symposium des Deutschen Volleyball-Verbandes 1996. (S. 43-54). Ahrensburg: Czwalina.

Schneider, K. & Dittrich, W. (1990). Evolution und Funktion von Emotionen. In K. R. Scherer (Hrsg.), *Emotionen* (S. 41-114). Göttingen: Hogrefe.

Schneider, K. & Schmalt, H.-D. (2000). *Motivation* (3., überarb. & erw. Aufl.). Stuttgart, Berlin, Köln, Mainz: Kohlhammer.

Schnell, R., Hill, P. B. & Esser, E. (2008). *Methoden der empirischen Sozialforschung* (8. Aufl.). Oldenburg: Wissenschaftsverlag.

Scholl, A. (2009). *Die Befragung* (2. Aufl.). Konstanz: UVK.

Schwarzer, R. (2000). *Stress, Angst und Handlungsregulation* (4. Aufl.). Stuttgart: Kohlhammer.

Shaw, D. F., Gorely, T. & Corban, R. M. (2005). *Sport & Exercise Psychology.* London: Taylor & Francis Bios Publishers.

Sokolowski, K. (1995). Motivation und Volition: Erwünschte und unerwünschte Emotionen bei der Handlungsregulation. In J. R. Nitsch & H. Allmer (Hrsg.), *Emotionen im Sport zwischen Körperkult und Gewalt* (S. 154-159). Köln: bps.

Spannagel, L. (2009). www.tagesspiegel.de. Zugriff am 09. Januar 2011 von http://www.tagesspiegel.de/sport/die-schnellste-pelle-der-welt/1565782.html

Steiner, H. (1976). *Leistungsmotivation und Wettkampfanalyse* (1. Aufl.). Ahrensburg: Czwalina.

Stiensmeier-Pelster, J. & Heckhausen, H. (2010). Kausalattribution von Verhalten und Leistung. In J. Heckhausen & H. Heckhausen (Hrsg.), *Motivation und Handeln* (4., überarb. & erw. Aufl., S. 389-426). Heidelberg: Springer.

Stoll, O. (2006). Stressverarbeitung und Coping. In M. Tietjens & B. Strauß (Hrsg.), *Handbuch Sportpsychologie* (S. 156-164). Schorndorf: Hofmann.

Stoll, O. (2010a). Biopsychologische Grundlagen von Kognition, Emotion und Motivation im Sport. In O. Stoll, I. Pfeffer & D. Alfermann (Hrsg.), *Lehrbuch Sportpsychologie* (S. 15-42). Bern: Huber.

Stoll, O. (2010b). Trainingsverfahren zur Leistungsoptimierung auf der Basis von Emotion und Motivation. In O. Stoll, I. Pfeffer & D. Alfermann (Hrsg.), *Lehrbuch Sportpsychologie* (S. 63-95). Bern: Huber.

Stoll, O., Achter, M. & Jerichow, M. (2010). *Vom Anforderungsprofil zur Intervention. Eine Expertise zu einem langfristigen sportpsychologischen Beratungs- und Betreuungskonzept für den Deutschen Schwimm-Verband e.V. (DSV).* Köln: Strauß.

Stoll, O. & Gissel, N. (1996). Zur Übertragbarkeit allgemeinpsychologischer Modelle auf sportpsychologische Fragestellungen. In A. Conzelmann, H. Gabler & W. Schlicht (Hrsg.), *Soziale Interaktionen und Gruppen im Sport* (S. 146-154). Köln: bps.

Stoll, O. & Schröder, K. (2008). *Mentaltraining im Eishockey* (Mentaltraining im Sport, 2; 2. Aufl.). Hamburg: Czwalina.

Stoll, O. & Ziemainz, H. (2003). Stress und Stressbewältigung im Leistungssport. Kognitionspsychologische und handlungskontroll-thematische Überlegungen. *Sportwissenschaft 33* (3), 280-290.

Literaturverzeichnis

Stoll, O. & Ziemainz, H. (2009). *Mentaltraining im Langstreckenlauf* (4., neugefasste Aufl.). Czwalina: Hamburg.

Strang, H. (1987). Die Übertragung von Rekordmotivation in Volitionsstärke und ihre Effizienz für eine Basketballtätigkeit. In J. P. Janssen, W. Schlicht & H. Strang (Hrsg.), *Handlungskontrolle und soziale Prozesse im Sport* (Bericht über die Tagung der Arbeitsgemeinschaft für Sportpsychologie vom 30.04. bis 01.05.1986 in Kiel, S. 64-80). Köln: bsp.

Tenenbaum, G., & Furst, D. (1985). The relationship between sport achievement, responsibility, attribution and related situational variables. *International Journal of Sport Psychology, 16*,. 254-269.

Teubert, H., Borggrefe, C., Cachay, K. & Thiel, A. (2006). *Spitzensport und Schule. Möglichkeiten und Grenzen einer strukturellen Kopplung in der Nachwuchsförderung*. Schorndorf: Hofmann.

Ungerechts, B.; Volck, G. & Freitag, W. (2002). *Lehrplan Schwimmsport. Bd. 1. Technik: Schwimmen-Wasserball-Wasserspringen-Synchronschwimmen*. Schorndorf: Hofmann.

Vollmeyer, R. (2005). Ein Ordnungsschema zur Integration verschiedener Motivationskomponenten. In R. Vollmeyer & J. Brunstein (Hrsg.), *Motivationspsychologie und ihre Anwendung* (S. 9-19). Stuttgart: Kohlhammer.

Waldenmayer, D. & Ziemainz, H. (2007). Bestands- und Bedarfsanalyse sportpsychologischer Betreuung im Raum Nordbayern. *Zeitschrift für Sportpsychologie 14* (4), 162-166.

Weber, U. (2003). *Familie und Leistungssport*. Schorndorf. Hofmann-Verlag.

Weinberg, R. S., Poteet, D., Morrow, J. R. & Jackson, A. (1982). Effect of evaluation on casual and trait attribution of males and females. *International Journal of Sport Psychology 13* (3), 163-175.

Weiner, B. (1975). *Die Wirkung von Erfolg und Misserfolg auf die Leistung*. Stuttgart: Klett.

Weiner, B. (1994). *Motivationspsychologie* (3. Aufl.). Weinheim: Beltz.

Wiemeyer, J. (1999). Empirische Befunde zur Rolle von Emotionen beim Bewegungslernen. In D. Alfermann & O. Stoll (Hrsg.), *Motivation und Volition im Sport: Vom Planen zum Handeln* (S. 184-188). Köln: bps.

Wilke, K. (1992). *Schwimmsport-Praxis: Schwimmen, Wasserspringen, Wasserball, Kunstschwimmen; offizielles Lehrbuch des Deutschen Schwimm-Verbandes*. Reinbek bei Hamburg: Rowohlt.

Wilke, K. & Madsen, Ö (1997). *Das Training des jugendlichen Schwimmers* (3., erw. & verb. Aufl.). Schorndorf: Hofmann.

Willimczik, K. & Kronsbein, A. (2005). Leistungsmotivation im Verlauf von Spitzensportkarrieren. *Leistungssport 41* (3), 4-10.

Witzel, A. (1982). *Verfahren der qualitative Sozialforschung: Überblick und Alternativen*. Frankfurt am Main: Campus.

Witzel, A. (2000). The Problem-Centered Interview. *Forum: Qualitative Social Research, 1* (1), Art 22 [Online Journal; Zugriff am 21. Juli 2011 unter http://www.qualitative-research.net/index.php/fqs/index]

Xin, S., Han, D. & Feng, S. (2008). The relationship between achievement motivation, learning strategies and performance in the professional training of young athletes. *International Convention on Science, Education and Medicine in Sport: Proceedings, Vol. III*, 74.

Zentrale Koordination Sportpsychologie des Deutschen Olympischen Sportbundes (2009). Evaluation sportpsychologischer Maßnahmen aus Trainersicht. Zugriff am 22. Juni 2011 unter http://www.zks-sportpsychologie.de/Download/Qualitaetssicherung Bericht2009.pdf

Zimbardo, P. G. & Gerrig, R. J. (2008). *Psychologie* (18., akt. Aufl.). München: Pearson Studium.

Abkürzungsverzeichnis

Abb.	Abbildung
ALM	Allgemeines Lineares Modell
AMS-Sport	Achievement Motives Scale-Sport
AST	Anschlusstraining
Aufl.	Auflage
asp	Arbeitsgemeinschaft für Sportpsychologie
BISp	Bundesinstitut für Sportwissenschaft
bzw.	beziehungsweise
DM	Deutsche(n) Meisterschaften
DSB	Deutscher Behindertensportverband e.V.
DSB	Deutscher SportBund
DOSB	Deutscher Olympischer SportBund
DSV	Deutscher Schwimm-Verband e.V.
d. h.	das heißt
Ed.	Editor
Eds.	Editors
EM	Europameisterschaft(en)
ebd.	ebenda
e. g.	example given
et. al.	et altera (und andere)
etc.	et cetera (und weiteres)
FM	Furcht vor Misserfolg
f	folgende
ff	und folgende
GLM	Gesamtleistungsmotiv
GLT	Grundlagentraining
ggf.	gegebenenfalls
HE	Hoffnung auf Erfolg
Hrsg.	Herausgeber
IAT	Institut für Angewandte Trainingswissenschaft
ITP	individuelles Trainingsperiodisierungsgespräch
Kap.	Kapitel
KG	Kontrollgruppe
KLD	komplexe Leistungsdiagnostik
LSV	Landesverband/Landesverbände
M	Mittelwert

Abkürzungsverzeichnis

m	Meter
männl.	männlich
MZP	Messzeitpunkt(e)
N	Anzahl
NH	Nettohoffnung
NT-G	No-Treatment-Gruppe
OSP	Olympiastützpunkt(e)
p.	page
S.	Seite
SD	Standardabweichung
SOQ	Sport Orientation Questionnaire
s.	siehe
s. o.	siehe oben
Tab.	Tabelle
u. a.	und andere
VG	Versuchsgruppe
vgl.	vergleiche
vs.	versus
weibl.	weiblich
Z.	Zeile
ZKS	Zentrale Koordination Sportpsychologie
z. B.	zum Beispiel
zsf.	zusammenfassend
z. T.	zum Teil

Abbildungsverzeichnis

Abb. 1. Die drei leistungsbestimmenden Faktoren der
Wettspielvorbereitung (modifiziert nach Terry, 1989 aus
Stoll & Schröder, 2008, S.17)...13

Abb. 2. Motivation als das Ergebnis einer Interaktion von
Motiv und situativen Anreizen
(Alfermann & Stoll, 2010, S. 111)...20

Abb. 3. Das Modell der Leistungsmotivation im Sport
(Gabler, 2002, S. 53)...26

Abb. 4. Erklärungsbereich der Attributiontheorien und der
attributionalen Theorien (nach Kelley & Michela, 1980)
(Stiensmeier-Pelster & Heckhausen, 2010, S. 390).................34

Abb. 5. Zusammenhänge zwischen Ergebnis, Attribution und Emotion
(nach Wiener, 1985; in Anlehnung an Möller, 1994;
aus Stoll, 2010, S. 63)...44

Abb. 6. Die Beziehung zwischen Qualität der Leistung und
Erregungsniveau (Stoll & Ziemainz, 2009, S. 63)....................52

Abb. 7. Bedeutsamkeit spezifischer spotpsychologischer
Interventionen für die Sportart Schwimmen
(Stoll, Achter & Jerichow, 2010, S. 52)...................................54

Abb. 8. Darstellung des Studienaufbaus und zeitliche
Einordnung der Instrumente und Verfahren............................79

Abb. 9. Studienaufbau der Pilotstudie...80

Tabellenverzeichnis

Tab. 1. Merkmale zur Motivklassifizierung im Sport
(nach Gabler, 2002, S. 14) 16

Tab. 2. Klassifikationsschema für Ursachen von Erfolg und Misserfolg
(nach Weiner et al., 1971, S. 2 aus Stiensmeier-Pelster &
Heckhausen, 2010, S. 417) 37

Tab. 3. Beispiele für Attributionen und Leistungsmotivation
(Brand, 2010, S. 25) 40

Tab. 4. verschiedene Wirkungen von Stress
(Schmidt & Schleiffenbaum, 2000, S. 79) 51

Tab. 5. Übersicht der relevanten sportpsychologischen
Interventionen der Motivationsregulation(Stoll, Achter &
Jerichow, 2010, S. 64-66) 56-57

Tab. 6. Übersicht aller relevanten sportpsychologischen
Interventionen der Emotionsregulation (Stoll, Achter &
Jerichow, 2010, S. 63-64) 58-59

Tab. 7. Mittelwerte (M) und Standardabweichungen (SD) der
Dimension HE 89

Tab. 8. Mittelwerte (M) und Standardabweichungen (SD) der
Dimension FM 90

Tab. 9. Mittelwerte (M) und Standardabweichungen (SD) der
Nettohoffnung (NH) 90

Tab. 10. Mittelwerte (M) und Standardabweichungen (SD) des
Gesamtleistungsmotivs (GLM) 91

Tab. 11. Ergebnisse des Mauchly-Test auf Sphärizität 91

Tabellenverzeichnis

Tab. 12.   Ergebnisse der univariaten Tests..92

Tab. 13.   Gegenüberstellung der Aussagen der VG und KG...........104-105

Anhang

Anhang 1: AMS-Sport (Kurzversion)

AMS-Sport

1. Name, Vorname: _____

2. Alter: _____   Geschlecht: weiblich   ☐
                                       männlich   ☐

3. Welchem Kader gehören Sie derzeit an?

   A-Kader   ☐
   B-Kader   ☐
   C-Kader   ☐
   D-Kader   ☐
   sonstiger Kader → welcher? _____   ☐
   keinem Kader   ☐

Bitte lesen Sie die nun folgenden Aussagen sorgfältig durch. Kreuzen Sie bitte zu jeder Antwort immer die Antwortmöglichkeit an, die auf Sie persönlich am besten zutrifft. Antworten Sie dabei stets spontan und ehrlich.

Dies ist kein Test! *Es gibt also keine richtigen oder falschen Antworten. Selbstverständlich werden alle Angaben **vertraulich** behandelt. Bitte geben Sie den Fragebogen vollständig ausgefüllt zurück.*

Zur Beantwortung der Fragen stehen folgende Antwortmöglichkeiten zur Verfügung:

0 = trifft auf mich überhaupt nicht zu
1 = trifft weniger/nur teilweise auf mich zu
2 = trifft überwiegend/größtenteils auf mich zu
3 = trifft genau auf mich zu

Bitte nur ein Kreuz pro Frage machen!

Teil 1	trifft überhaupt nicht zu	trifft teilweise zu	trifft überwiegend zu	trifft voll zu
	0	1	2	3
4. Ich merke, dass mein Interesse schnell erwacht, wenn ich vor einer Herausforderung im Schwimmen stehe, die ich nicht auf Anhieb schaffe.				
5. Wenn im Schwimmen eine Aufgabe etwas schwierig ist, hoffe ich, dass es nicht machen muss, weil ich Angst habe, es nicht zu schaffen.				
6. Ich mag es, vor eine etwas schwierige schwimmerische Aufgabe gestellt zu werden.				
7. Wenn ich eine schwimm-sportliche Aufgabe nicht sofort schaffe, werde ich ängstlich.				
8. Es macht mir Spaß, mich in schwimmsportlichen Aufgaben zu engagieren, die für mich ein bisschen schwierig sind.				
9. Auf den Schwimmsport bezogene Aufgaben, die ich nicht schaffen kann, machen mir Angst, auch dann, wenn niemand meinen Misserfolg bemerkt.				
10. Wenn mir im Schwimmen eine Herausforderung gestellt wird, die ich möglicherweise nicht lösen kann, dann reizt es mich, diese sofort in Angriff zu nehmen.				
11. Es beunruhigt mich im Schwimmen, etwas zu tun, wenn ich nicht sicher bin, dass ich es schaffen kann.				
12. Schwimm-sportliche Aufgaben, die etwas schwierig zu bewältigen sind, reizen mich				
13. Schon die Vorstellung im Schwimmen vor eine neue unbekannte Herausforderung gestellt zu werden, macht mich etwas ängstlich.				

Vielen Dank für Ihre Unterstützung!

Anhang 2: Sitzungsplan Versuchsgruppe

(12 Einzelsitzungen á 60min)

1. Sitzung: *(Zielsetzungstraining)*
   - Eingangsphase – Schaffen günstiger Ausgangsbedingungen
   Rekapitulation der Ergebnisse der letzten Saison und Reflektion des eigenen Trainingsprozesses
   - eine vorläufige Auswahl von Änderungsbereichen treffen
   Athlet deutet Veränderungen für die kommende Saison an

2. Sitzung: *(Zielsetzungstraining)*
   - Verhaltensanalyse – Problembeschreibung und Lösungsbeschreibung
   veränderte Trainings- & Wettkampfplanung, sowie eine Erläuterung mit welchen Methoden die angestrebten Bedingungen erreicht werden sollen
   - Suche nach aufrechterhaltenden Bedingungen

3. Sitzung: *(Zielsetzungstraining)*
   - Planung, Auswahl und Durchführung spezieller Methoden

4. Sitzung: *(Stressimpfungstraining/Stressinduktionstraining)*
   - Analyse der Probleme
   Modell aufbauen wie Stress entsteht
   - Struktur des Optimierungsprozesses bestimmen und aufzeigen
   - Klienten für Hinweisreize von Angst und Stress sensibilisieren

5. Sitzung: *(Stressimpfungstraining)*
   - Die vier kognitiven Bewältigungsmechanismen nach Meichenbaum
   *1. Vorbereitung auf den Stressor
   2. Konfrontation mit dem Stressor
   3. Gefühl der Überwältigung
   4. Selbstverstärkung*

6. Sitzung: *(Stressimpfungstraining/Stressinduktionstraining)*
   - Selbstgespräche/Selbstgesprächsregulation
   - Gedankenstopps
   - Klienten Flexibilität im Umgang mit Problemsituationen vermitteln

7. Sitzung: *(freie Sitzung)* ⎤

8. Sitzung: *(freie Sitzung)* ⎬   ggf. Partnerschaft, Familie, Beruf ?

9. Sitzung: *(freie Sitzung)* ⎦

10. Sitzung: *(Zielsetzungstraining)*
    - Evaluation der Fortschritte mit evtl. Optimierung und Wiederholung einzelner Aspekte

11. Sitzung: *(Stressimpfungstraining/Stressinduktionstraining)*
    - Evaluation der Fortschritte mit evtl. Optimierung und Wiederholung einzelner Aspekte

12. Sitzung: *(freie Sitzung)*
    - ggf. unmittelbare Wettkampfvorbereitung/Abschluss der Studie

Anhang 3: Sitzungsplan Kontrollgruppe

(5 Sitzungen á 60 min als Gruppensitzung)

1. Sitzung: *(Auftakt)*
   - Vorstellung der eigenen Person/Kennenlernen der Athleten
   - ausstehende Fragen beantworten
   - Ausfüllen der Fragebögen
   - Wissensvermittlung
     Was ist Sportpsychologie? (auf Moderatorebene)
     Was kann Sportpsychologie leisten?
     Welchen Nutzen kann diese speziell für diese Athleten haben.
     Bisherige Erfahrungen mit der Sportpsychologie erfragen
     Erwartungen der Athleten sammeln?
   - Fahrplan für die kommenden vier Sitzungen aufzeigen

2. Sitzung: *(Aktivierungsregulation)*
   - Entspannungsverfahren (Atemfluss, Autogenes Training)
   - Theorie Yerkes & Dodson (optimales Erregungsniveau)

3. Sitzung: *(Selbstgesprächsregulation)*
   - dysfunktionalen Selbstgespräche
     üben von funktionalen Sätzen
     zum Abschluss ein kurzes Entspannungsverfahren

4. Sitzung: *(Aufmerksamkeitsregulation)*
   - Pausenrituale, Drehbücher

5. Sitzung: *(unmittelbare Wettkampfvorbereitung)*
   - individuelle Musik, Briefing, Debriefing

Anhang 4: Trainereinschätzung

Trainer-Skala

0% 25% 50% 75% 100%

Name des Trainers: _____

1. Wie hat der Athlet die Woche über trainiert?
2. Wie hätte der Athlet die Woche über trainieren können?

Namen/Woche	1	2	3	4	5	6	7	8	9	10	11	12

Anhang

Anhang 5: Trainingstagebuch

Woche: _____   Name: _____

0%	25%	50%	75%	100%

Montag

1. Meine Trainingsausnutzung betrug heute _____ %.
2. Meine Erholungsausnutzung betrug heute _____ %.
3. Was war heute für das Erreichen meiner sportlichen Ziele hilfreich?
_____
_____

4. Was war heute für das Erreichen meiner sportlichen Ziele hinderlich?
_____
_____

5. Gab es besondere Vorkommnisse?
_____
_____

Dienstag

1. Meine Trainingsausnutzung betrug heute _____ %.
2. Meine Erholungsausnutzung betrug heute _____ %.
3. Was war heute für das Erreichen meiner sportlichen Ziele hilfreich?
_____
_____

4. Was war heute für das Erreichen meiner sportlichen Ziele hinderlich?
_____
_____

5. Gab es besondere Vorkommnisse?
_____
_____

Anhang

Mittwoch

1. Meine Trainingsausnutzung betrug heute _____ %.
2. Meine Erholungsausnutzung betrug heute _____ %.
3. Was war heute für das Erreichen meiner sportlichen Ziele hilfreich?

_____
_____

4. Was war heute für das Erreichen meiner sportlichen Ziele hinderlich?

_____
_____

5. Gab es besondere Vorkommnisse?

_____
_____

Donnerstag

1. Meine Trainingsausnutzung betrug heute _____ %.
2. Meine Erholungsausnutzung betrug heute _____ %.
3. Was war heute für das Erreichen meiner sportlichen Ziele hilfreich?

_____
_____

4. Was war heute für das Erreichen meiner sportlichen Ziele hinderlich?

_____
_____

5. Gab es besondere Vorkommnisse?

_____
_____

Freitag

1. Meine Trainingsausnutzung betrug heute _____ %.
2. Meine Erholungsausnutzung betrug heute _____ %.
3. Was war heute für das Erreichen meiner sportlichen Ziele hilfreich?

_____
_____

4. Was war heute für das Erreichen meiner sportlichen Ziele hinderlich?

_____
_____

5. Gab es besondere Vorkommnisse?

_____
_____

Anhang

Samstag

1. Meine Trainingsausnutzung betrug heute _____ %.
2. Meine Erholungsausnutzung betrug heute _____ %.
3. Was war heute für das Erreichen meiner sportlichen Ziele hilfreich?

_____
_____

4. Was war heute für das Erreichen meiner sportlichen Ziele hinderlich?

_____
_____

5. Gab es besondere Vorkommnisse?

_____
_____

Sonntag

1. Meine Trainingsausnutzung betrug heute _____ %.
2. Meine Erholungsausnutzung betrug heute _____ %.
3. Was war heute für das Erreichen meiner sportlichen Ziele hilfreich?

_____
_____

4. Was war heute für das Erreichen meiner sportlichen Ziele hinderlich?

_____
_____

5. Gab es besondere Vorkommnisse?

_____

Anhang 6: Interviewleitfaden Athleten (Leitfaden 1)

1. Würdest Du sagen, dass die sportpsychologische Betreuung Dir etwas gebracht hat?

2a. Bei „Ja"→ Was genau hat sich für Dich dadurch verändert?

2b. Bei „Nein" → Warum nicht?

3. Welchen Einfluss hatte die Zusammenarbeit auf Dein Training und auf Dein Wettkampfverhalten?

4. Hat sich Deine Motivation verändert oder wurde sie gar unterstützt?

5. Hat sich Deine Sicht auf die Ursachen für Erfolg oder Misserfolg verändert?

6. Würdest Du eine kontinuierlichere sportpsychologische Betreuung befürworten?

7. Welche Themenfelder sollten aus Deiner Sicht noch besprochen/ bearbeitet werden?

Anhang 7: Interviewleitfaden Trainer der Versuchs- und Kontrollgruppe (Leitfaden 2)

1. Wie beurteilen Sie die sportpsychologische Arbeit mit den Athleten?

2. Was lässt sich als besonders positiv bzw. als negativ erwähnen?

3. Wie wünschen Sie sich die zukünftige Zusammenarbeit mit der Sportpsychologie?

Anhang 8: Transkriptionen der Interviews

Da es sich insgesamt um 18 Athleteninterviews und vier Trainerinterviews handelt, wurde auf eine Darstellung jeder Transkription an dieser Stelle verzichtet. Eine CD-Rom mit allen Interviewtranskriptionen kann direkt beim Autor angefordert werden.

Aus unserem Verlagsprogramm:

Niklas Noth
Mentale Bewegungsrepräsentation und Techniktraining
*Empirische Untersuchungen im Kunst- und Turmspringen
sowie Gerätturnen*
Hamburg 2012 / 206 Seiten / ISBN 978-3-8300-6423-7

Gregor Nimz
Der Sportpsychologe im Trainerstab
*Entwicklung eines systemtheoretischen Modells
zielführender Kommunikationsbeziehungen im Spitzensport*
Hamburg 2012 / 246 Seiten / ISBN 978-3-8300-6277-6

Nadja Walter
**Konzentrations- und Aufmerksamkeitsförderung durch Sport
in der Grundschule**
*Untersuchung zur Wirksamkeit einer gezielten sportlichen Intervention
auf das Aufmerksamkeitsverhalten und die Konzentrationsleistung
von Grundschulkindern*
Hamburg 2012 / 266 Seiten / ISBN 978-3-8300-6216-5

Thomas Teubel
Das Anschlussmotiv zur Erklärung sportlicher Leistungen
Hamburg 2012 / 150 Seiten / ISBN 978-3-8300-6135-9

Georg Froese
**Sportpsychologische Einflussfaktoren
der Leistung von Elfmeterschützen**
Hamburg 2001 / 168 Seiten / ISBN 978-3-8300-6101-4

Martin Joh. Meyer
Motive im Shotokan-Karate
Eine qualitative Studie
Hamburg 2012 / 362 Seiten / ISBN 978-3-8300-6050-5

Jana Conrad
**Die Bedeutung des christlichen Glaubens
für Leistungssportlerinnen und Leistungssportler**
Hamburg 2011 / 260 Seiten / ISBN 978-3-8300-5953-0

Ira Thiele
**Sozialpsychologische Aspekte der Nachwuchsleistungsförderung
im Fußball**
Hamburg 2011 / 264 Seiten / ISBN 978-3-8300-5948-6

Florian Pochstein
**Effekte einer psychologischen Intervention
auf die körperliche Aktivität**
Vorsatzbildung und volitionale Unterstützung bei Gefäßpatienten
Hamburg 2008 / 290 Seiten / ISBN 978-3-8300-3882-5